LIZY-SUR-OURCQ

LA SEIGNEURIE AU XVIIIe SIÈCLE

PAR

M. L. BENOIST

CONSEILLER GÉNÉRAL

Extrait du Bulletin de la SOCIÉTÉ D'ARCHÉOLOGIE, Sciences, Lettres et Arts
du département de Seine-et-Marne

*La présente brochure doit former un des chapitres d'un travail
plus étendu sur Lizy.*

MEAUX

IMPRIMERIE DESTOUCHES, RUE DE LA JUIVERIE, I

IMPRIMEUR DU BULLETIN DE LA SOCIÉTÉ

1884

LIZY-SUR-OURCQ

LA SEIGNEURIE AU XVIIIᵉ SIÈCLE

PAR

M. L. BENOIST

CONSEILLER GÉNÉRAL

Extrait du Bulletin de la SOCIÉTÉ D'ARCHÉOLOGIE, Sciences, Lettres et Arts
du département de Seine-et-Marne

*La présente brochure doit former un des chapitres d'un travail
plus étendu sur Lizy.*

MEAUX

IMPRIMERIE DESTOUCHES, RUE DE LA JUIVERIE, I

IMPRIMEUR DU BULLETIN DE LA SOCIÉTÉ

1884

LIZY-SUR-OURCQ

LA SEIGNEURIE AU XVIIIe SIÈCLE

PRÉAMBULE

La terre et seigneurie de Lizy jouissait de droits importants et nombreux ; elle était sous ce rapport l'égale des terres titrées.

Elle avait notamment :

Droit de haute, moyenne et basse justice tant sur le territoire de Lizy que sur la terre et seigneurie de Mary, avec droit de greffe, de sergenterie, de prisée et vente, et de tabellionnage ;

Droit de banalité de moulin et de pressoir ;

Droit de péage ;

Droit de hallage et de minage ;

Droit de foires et marchés ;

Droit de corvée ;

Droit de banvin ;

Droit de dîme ;

Cens, surcens, rentes seigneuriales en grains, deniers, poules et chapons ;

Censives à Saint-Jean-les-deux-Jumeaux ;

Droit de retrait féodal, de relief, quint et requint ;

Lods et ventes, saisine et amendes, droit de retrait censuel

Droit de pêche et de navigation ;

Confiscation, deshérence, épaves, droit de voierie ;

Droit de colombier, de garenne et de girouette ;

Droits honorifiques à l'église ;

C'était là ce que l'on appelait « de beaux droits» (1).

Il nous a paru intéressant de rechercher quelle était à une époque rapprochée de nous, au xviii° siècle, durant la vie de nos grands pères, l'étendue exacte et précise de ces droits ; de déterminer quel était à ce moment le poids de ce qu'on a nommé le joug féodal ; d'étudier, chemin faisant, la féodalité elle-même et d'indiquer, en jetant un coup d'œil sur le présent, quelles institutions l'ont remplacée et quels progrès ont été accomplis.

§ 1er. — JUSTICE

Le seigneur de Lizy avait haute, moyenne et basse justice (2) sur toute l'étendue du terroir et de la paroisse de Lizy (3).

Ce droit était le titre éminent de la seigneurie, et primitivement il était inséparable du fief (4).

Le seigneur haut justicier connaissait de toutes les affaires réelles

(1) Voir contrat devant Sainfray, notaire à Paris, du 13 mars 1689, contenant vente de partie de la terre et seigneurie de Lizy au marquis de La Trousse.

(2) La basse justice donnait le droit de connaître de la police, des injures légères et d'autres délits qui ne pouvaient être punis au plus que d'une amende de 10 sous parisis. Les seigneurs bas justiciers jugeaient les procès de leurs sujets jusqu'à la somme de 60 sous parisis, ainsi que les questions relatives aux cens, rentes et exhibitions de contrats pour raison des héritages situés sur leur territoire. La moyenne justice donnait le droit de connaître des délits qui ne pouvaient être punis de plus de 75 sous d'amende et de toutes les causes civiles et obligations féodales des sujets ; le moyen justicier pouvait nommer des tuteurs et des curateurs, faire poser les scellés, procéder aux inventaires. Les appels des bas et moyens justiciers se portaient devant les seigneurs qui avaient le droit de haute justice.
(Chéruel. — *Dictionnaire historique des Institutions*).

(3) Il n'y avait plus à Lizy dès le commencement du xviii° siècle, en outre du fief du seigneur, que deux fiefs nommés de Tigeaux et de la Cloche, fort peu importants ; ce dernier consistait en maison et jardin d'un revenu de 12 à 15 livres par an : ni l'un ni l'autre n'avait droit de justice.

Cependant en 1766 le collège Louis-le-Grand donnait à ferme : « La terre, seigneurie et ferme des Écoliers de Dormans à Lizy, avec les lods, ventes, saisine, amendes et à la charge de faire exercer la justice dans cette seigneurie, y établir un juge, greffier, etc. ». Mais cela ne pouvait s'entendre que de la seigneurie du fief, et non de celle du territoire, de la moyenne et basse justice et non de la haute; il était de règle que la haute justice donnait seule la seigneurie du territoire et tous les droits honorifiques. Du reste les droits invoqués par le collège Louis-le-Grand n'étaient pas exercés, et il est à penser que la mention de 1766 se reproduisait depuis longtemps de bail en bail, bien que les droits qu'elle indique se fussent perdus depuis longtemps.

(4) Toutefois, par suite de démembrements et d'inféodations particulières, il était devenu de maxime que « fief et justice n'avaient rien de commun ». C'est-à-dire qu'un fief pouvait subsister sans la justice et réciproquement. Nous en avons un exemple à Mary, où, durant le xviii° siècle le fief appartenait aux seigneurs de La Trousse et la haute justice aux seigneurs de Lizy.

et personnelles, civiles et criminelles entre ses sujets, sauf les cas royaux : hérésie, parricide, fausse monnaie, émeute, blasphème, etc.

Bien qu'au xviii' siècle le pouvoir judiciaire du seigneur eût été sensiblement amoindri par la justice royale, le juge seigneurial pouvait encore prononcer les condamnations les plus graves, même la peine de mort, mais elles ne pouvaient être exécutées que quand elles avaient été confirmées par les juges royaux (1).

Pour l'exercice de la justice, qu'il lui était défendu de rendre en personne, le seigneur haut justicier avait un juge appelé prévôt ou bailli, un lieutenant, un procureur fiscal, des procureurs postulants, un greffier, un ou plusieurs sergents ayant le privilège exclusif des prisées et ventes mobilières faites en justice ; il instituait dans chacune des paroisses de son domaine où il avait moyenne et basse justice, un maire, un greffier, un sergent et un procureur fiscal. Tous ces agents étaient à sa nomination, mais les officiers des justices subalternes devaient avant leur réception être examinés par un membre du siège présidial, après information de leurs vie et mœurs. Ils étaient sous la surveillance des juges royaux et s'ils donnaient lieu à de justes plaintes, les seigneurs pouvaient être condamnés à les remplacer par des personnes intègres et capables.

De même, le seigneur haut justicier qui abusait de sa justice pouvait être privé de son droit. Ajoutons que si les officiers du seigneur étaient compétents pour tout ce qui concernait le domaine, les droits et revenus, tant en fief qu'en roture, ils ne pouvaient connaître de toute autre cause où leur seigneur était intéressé ; celui-ci devait se pourvoir devant les juges supérieurs.

Ces prescriptions étaient sages et propres à corriger une partie des abus ; mais le seigneur restait maître de destituer ses officiers, soit sans indemnité, s'il les avait institués gratuitement, soit moyennant le remboursement de la finance qu'il en avait reçue.

D'autre part, patrimoniale en la personne du seigneur, la justice non-seulement passait avec le domaine au nouveau propriétaire, mais le seigneur haut justicier pouvait, en érigeant une partie de sa terre en fief, investir le nouveau seigneur du droit de

____

(1) Postérieurement à 1750, le bailli de la châtellenie de Nanteuil-sur-Marne et Croûtes condamnait deux individus convaincus d'assassinat, l'un à être rompu vif sur la place du village, ensuite exposé sur une roue pour y finir ses jours, le second à être pendu et son corps exposé pendant 24 heures.

(*Archives départementales de Seine-et-Marne, B* 186).

justice sur la nouvelle seigneurie et créer ainsi de nouveaux tribunaux. Il existait en effet en France, avant 1789, soixante-dix à quatre-vingt mille justices seigneuriales.

Les baillis de Lizy durant le xviiiᵉ siècle, Muly, Devernon et Robert, étaient en même temps baillis du marquisat de la Trousse. Ils avaient le titre d'avocats au Parlement ; c'était une garantie de savoir. Ils ne résidaient pas toujours à Lizy et remplissaient les mêmes fonctions dans d'autres seigneuries ; c'étaient des magistrats ambulants (1).

Le procureur fiscal, agent personnel du seigneur, requérait comme ministère public devant le bailli, veillait à l'exécution des règlements de police que faisait le bailli. Il exerçait généralement au même titre pour plusieurs seigneurs.

Le seigneur de Lizy, comme tout haut justicier, devait aussi entretenir une salle d'audience (elle était à Lizy d'abord dans le vieux château, puis dans la ferme des Quatre Fils Aymon, aujourd'hui communs du château moderne), une prison au rez-de-chaussée avec geôlier qui sût lire et écrire (ordonnance de 1717). Il avait le droit d'élever, pour l'exécution des peines, un pilori avec carcan et des fourches patibulaires à deux piliers seulement (2).

Nous pouvons voir à Lizy, au vieux château, au bas de la tourelle du côté du parc, la pièce qui servait de prison : au-dessous se trouvait une autre prison, voûtée, obscure, réservée aux cas les plus graves ; elle est fermée depuis quelques années (3).

Quant aux fourches patibulaires, nous devons penser qu'elles avaient été dressées au-dessus de la montagne à l'ouest de Lizy, au lieudit la Justice, dénomination fréquente et généralement appliquée au canton où s'exécutaient les sentences capitales.

(1) Voici ce que dit un auteur du xviiiᵉ siècle : *Code des Seigneurs hauts justiciers :* « Les officiers des seigneurs doivent résider sur les lieux, l'ordonnance de Charles VII en 1441 les y astreint avec rigueur. Cependant, le plus grand nombre, au mépris de cette ordonnance, ne font aucune résidence et ne viennent dans le chef-lieu que quand ils y sont appelés par les émoluments qu'ils espèrent y toucher ; ce qui cause un grand préjudice aux parties qui sont obligées le plus souvent de plaider pardevant un paysan que l'on qualifie d'ancien praticien et auquel il est facile de faire quelque surprise. »

(2) Le nombre des piliers variait suivant la qualité du seigneur et pouvait s'élever à dix.

(3) Cette disposition des prisons était assez habituelle. Nous lisons dans la description du château d'Oissery : « Au rez-de-chaussée de cette grosse tour est une forte prison, et au-dessous, une autre prison en forme de basse fosse voûtée. » (*Châtellenie d'Oissery,* par M. Fernand Labour).

Le seigneur haut justicier supportait seul les frais de justice criminelle, même ceux des procès suivis par la justice royale pour faits commis dans l'étendue de la seigneurie. Le cas était arrivé à Voltaire, seigneur de Tournay, qui écrivait en 1760 : « On me persécute de la part du Conseil ; on veut que je sois haut justicier ; on fait pendre ou à peu près de pauvres diables en mon nom ; on me fait accroire que rien n'est plus beau que de payer les frais, et on va saisir mes bœufs pour me faire honneur. » En outre, le seigneur supportait les honoraires du bailli et du procureur fiscal : En 1765, Louis de Vernon, avocat au Parlement, recevait comme bailli du marquisat de La Trousse et de Lizy, 100 livres par an ; Picard, comme procureur fiscal, 200 livres ; d'autre part, le greffe constituait souvent un revenu : celui de Lizy, en 1697, était affermé 40 livres ; en 1765, il ne produisait plus rien.

De 1753 à 1766, les frais de la justice criminelle se sont élevés, pour la seigneurie de Lizy et le marquisat de La Trousse, à la somme de 2.054 livres 13 sous 9 deniers.

En parcourant les registres des causes de la justice seigneuriale de Lizy, on remarque que les affaires de police se bornaient presque exclusivement à celles qui intéressaient directement le seigneur : dégâts dans ses bois, chasse sur son domaine, etc., ou qui concernaient les règlements sur le culte. Ainsi, Louis Picart et Pierre Huré, cabaretiers à Lizy, sont condamnés à soixante-douze sous d'amende chacun pour avoir, contrairement aux règlements, donné le dimanche à manger et à boire pendant le service divin ; Gibert, laboureur à Lizy, à cent sous d'amende pour avoir fait charger un bateau le dimanche.

Comme les frais de poursuites pouvaient retomber sur le seigneur, le procureur fiscal fermait souvent les yeux sur les délits qui ne le touchaient pas directement, et il n'y avait en réalité aucune police d'ordre public. « L'impunité n'est nulle part plus grande que dans les justices seigneuriales, » écrivait en 1765 Renauldon, auteur d'un traité des droits seigneuriaux.

Il n'est pas besoin de dire que les roturiers seuls étaient justiciables des justices seigneuriales : les nobles devaient être appelés devant les juges supérieurs, les membres du clergé devant l'official, juridiction ecclésiastique ; les uns et les autres jouissaient d'ailleurs, pour la plupart, du droit de committimus, c'est-à-dire du droit de traîner leur adversaire même en première instance devant nos-seigneurs des requêtes du palais ou de l'hôtel du roi.

Les appels du bailliage de Lizy étaient portés au Châtelet de Paris, dans le ressort duquel il se trouvait.

Outre les offices dont nous avons parlé, le seigneur de Lizy avait le droit d'instituer sur ses domaines des tabellions chargés de recevoir les actes et contrats dans l'étendue de la seigneurie. Ils étaient distincts des notaires royaux, comme les sergents seigneuriaux étaient distincts des huissiers royaux.

Le tabellionnage se donnait à bail comme le greffe et pouvait être cédé.

Toute dépendante qu'elle était, la justice seigneuriale avait l'avantage d'être à la portée des justiciables ; et à Lizy il ne paraît pas qu'elle ait démérité de la considération et de la confiance publique : le dernier bailli et le dernier procureur fiscal furent successivement nommés juges de paix par les habitants. Le tiers-état de ce bailliage en 1789 demandait la suppression seulement des justices des terres non titrées, et leur réunion à la plus prochaine terre titrée. — Si le tiers-état du bailliage de Meaux en demandait la suppression totale, c'est parce que « la justice est un apanage de la souveraineté, » et quand dans le préambule de son cahier il s'écriait : « L'administration de la justice est devenue un fléau, la jurisprudence est versatile, les lois et les coutumes obscures, le droit incertain, le recours à la justice impraticable par la multiplicité des tribunaux et les frais immenses de procédure, » ce n'est pas à la justice seigneuriale que s'adressaient ces véhémentes paroles. Au-dessus d'elle se croisait une foule de juridictions, dans le dédale desquelles les justiciables se perdaient : conseil d'Etat, grand conseil, cour de parlement, chambre des comptes, chambre de la marée, cour des aides, cour des monnaies, bailliage du palais, chancellerie du palais, table de marbre, comprenant la connétablie et la maréchaussée de France, l'amirauté et les eaux et forêts, élections, chambre des bâtiments, greniers à sel, capitaineries, etc., etc. Au-dessus encore de ces juridictions s'élevaient les tribunaux d'exception ou commissions spéciales instituées par le roi pour telle personne ou telle affaire, quand il n'usait pas du droit de justice dont il était souverainement investi, en disposant par des lettres de cachet, suivant son bon plaisir, de la fortune, de la liberté et de l'honneur de ses sujets.

« Le grand nombre de justices, disait-on avec raison, ôte au peuple le moyen d'avoir justice. » (1). On pouvait être traîné suc-

<hr>

(1) On comptait à Meaux en 1774 les juridictions suivantes :

Le présidial, le bailliage civil, le bailliage criminel, la police, la maréchaussée,

cessivement et sans fin de tribunal en tribunal, de la basse ou moyenne justice à la haute, de celle-ci au bailliage du ressort, ou au siège présidial, de là au parlement de la province. Aussi le tiers-état du bailliage de Meaux demandait-il qu'il fût établi, sous des peines déterminées, qu'aucune instance ne durerait plus d'un an : intention excellente, mais irréalisable même aujourd'hui.

Il demandait en outre :

« Qu'à l'avenir nul office de judicature ne fût acquis à prix d'argent. »

La vénalité des charges judiciaires, inaugurée par Louis XII, largement pratiquée par François 1er, non par mesure d'ordre public, mais pour subvenir aux besoins du fisc, subsista jusqu'en 1789. Vivement critiquée, elle avait été soumise dès 1560 (ordonnance de Moulins), à certaines conditions de moralité et de capacité. En 1614, néanmoins, les deux premiers ordres aux États Généraux en demandaient l'abolition, moyennant remboursement ; le Tiers-État s'y refusait pour ne pas grever le trésor public : si elle produisit du moins cet heureux résultat de permettre au Tiers-État l'accès des parlements, elle avait de tels inconvénients qu'elle ne pouvait subsister, et elle a été, en effet, supprimée.

« Qu'il ne fût permis à tel juge que ce pût être, de recevoir ni épices ni vacations. »

Les épices étaient un présent offert par le plaideur à son juge, en nature d'abord (de là vient leur nom), en argent ensuite. Cet usage fort ancien devenu légitime, s'appliquant même aux procureurs du roi et à leurs substituts, dura jusqu'à la Révolution. On comprend quels abus en pouvaient naître (1). Les épices étaient évaluées en 1789 à 30 ou 40 millions (2).

l'élection, le grenier à sel, l'officialité de l'évêché, celle du chapitre, le bailliage de la temporalité de l'évêché, celui de la temporalité du chapitre, — et on peut ajouter la maîtrise des eaux et forêts transférée à Crécy, mais tenant ses assises à Meaux, le jour de la foire de la Mi-Mai. — Ajoutons aussi la capitainerie siégeant à Montceaux.

(1) Rappelons ce quatrain fait à l'occasion de l'incendie du palais de justice sous Louis XIV :

> Ce fut certes un triste jeu
> Quand à Paris, dame justice,
> Pour avoir trop mangé d'épice
> Se mit le palais en feu.

Et cet autre sur l'avidité de certains magistrats :

> Ci-gît Cléon, ce président avare,
> Qui vendit la justice à chaque citoyen,
> Croyant qu'une chose si rare
> Ne doit pas se donner pour rien.

(2) Le budget de la justice dépasse à peine aujourd'hui 37 millions.

Suivant le vœu du bailliage de Meaux, il a été apporté dans notre organisation judiciaire une grande simplification, qui n'est pas arrivée à son terme. Pour les affaires civiles, de police, et correctionnelles : justices de paix, tribunaux civils de 1re instance, tribunaux de commerce, cours d'appel ; pour les affaires criminelles, cours d'assises avec le jury ; au-dessus de ces juridictions, la cour de cassation assurant la saine application de la loi ; pour les affaires administratives, conseils de préfectures et conseil d'Etat ; enfin la cour des comptes contrôlant la gestion de tous les comptables des deniers publics, depuis le plus modeste percepteur jusqu'aux ministres (1) ;

Deux degrés de juridiction au plus ;

Plus de tribunaux d'exception ; nul ne peut être distrait de ses juges naturels ;

Plus de vénalité des charges judiciaires ; les droits de justice ne sont plus un patrimoine transmissible par héritage ou à prix d'argent, comme un champ ou une vigne ;

Tous les magistrats à la nomination du chef de l'Etat, la plupart inamovibles, ce qui est une garantie indispensable d'indépendance et de bonne administration ;

Plus d'épices : les magistrats reçoivent leur traitement du trésor public et nul ne peut rien exiger ni recevoir au-delà, sous peine de concussion ;

Publicité des audiences, obligation pour le juge de motiver ses jugements ;

Le jury appliqué à toutes les affaires criminelles et même à certaines catégories de délits ;

Séparation du pouvoir judiciaire et du pouvoir administratif ;

Enfin une loi commune à toute la France remplaçant la diversité des coutumes.

Voilà de sages et fécondes réformes.

§ II. — DIME.

« La dîme, dit un auteur du xviie siècle, est une partie due à Dieu de tous les biens qu'un homme a acquis, ordinairement la dizième, onzième ou douzième partie. »

____

(1) Nous mentionnerons pour ordre seulement, parce qu'il ne fonctionne qu'à de rares intervalles, le tribunal des conflits, chargé comme son nom l'indique de décider de la compétence entre les tribunaux judiciaires et les tribunaux administratifs.

Ce même auteur ajoute : « Il y a plus de raison qu'un homme paye la dîme de ce qu'il acquiert par le travail de ses mains comme parties du corps plus nobles que de ce que la terre lui produit. »

Ainsi la dîme devait appartenir à l'Eglise seule et devait porter non-seulement sur les productions de la terre, mais sur le produit du traval humain sous toutes ses formes : « L'industrie qui vous fait vivre, disent au soldat et à l'artisan les pères du concile de Trosly (909), appartient à Dieu, donc vous lui en devez la dîme. »

Cette large doctrine subit des restrictions et des exceptions ; au xviii° siècle, dans notre contrée, la dîme ne portait que sur les fruits de la terre, les agneaux et les produits de basse-cour.

D'autre part, bien qu'établie primitivement pour l'entretien du clergé séculier et régulier et le soulagement des pauvres, elle put appartenir et appartint souvent à des laïques, malgré les réclamations des évêques et des conciles ; elle s'appelait dans ce cas dîme inféodée.

Les grosses dîmes se levaient sur les gros fruits de la terre, blé, seigle, orge, avoine, escourgeon, sur le vin ; les vertes et menues dîmes sur les fourrages, le lin, le chanvre, les pois, les lentilles, les haricots, etc. ; les dîmes de basse-cour ou de charnage sur les agneaux, les oies, les canards, porcs, etc.

On appelait dîme novale celle qui se percevait sur des terrains mis en culture depuis moins de 40 ans, ou plus exactement sur toute terre défrichée depuis l'établissement de la grosse dîme; une fois novale, la terre conservait indéfiniment ce caractère. Cette dîme appartenait de droit au curé, même quand il était privé des grosses dîmes.

Le terroir de Lizy nous présente l'exemple de la plupart de ces espèces de dîmes.

Les grosses dîmes appartenaient en grande partie au prieuré Saint-Pierre et Saint-Paul de Reuil-en-Brie ; elles lui avaient été données par un des évêques de Meaux et cette possession lui avait été confirmée par Rainaud, évêque de la même ville, en 1160 (1). Le chapitre de l'église de Meaux en possédait aussi une partie, en vertu d'une donation que lui avait faite, au xv° siècle, Jean de Morly, dit Maillard (2).

(1) Archives de Seine-et-Marne, G. 43.
(2) Archives de Seine-et-Marne, G. 43.

En 1661, les religieux du couvent de Reuil, à qui revenait le droit aux dîmes de Lizy, en vertu d'un partage fait avec le prieur Dom Boucot, le louaient à Thibaut Gastier, moyennant, outre l'acquit à la décharge des bailleurs de 8 muids et demi de grains, 1.150 livres, un brochet d'une demi pistole et 100 livres de pot de vin (1).

En 1789 la dîme ne représentait pas moins de dix livres en moyenne par chaque hectare exploité ; c'est à ce taux que le principal cultivateur de Lizy en affranchissait les biens qu'il faisait valoir.

Une autre partie de dîme appartenait au seigneur de Lizy, comme dîme inféodée ; elle portait sur « tous les grains et autres fruits croissant sur les terres du dit Lizy depuis la chaussée du pont vers la maladrerie et comme vont les chemins de Lizy à La Ferté, celui de Lizy à May et de May à La Trousse (2) ». Nous ignorons comment le seigneur en était devenu propriétaire ; ce droit qui se percevait à la 13ᵉ gerbe était en tout cas de peu d'importance ; en 1784 il était loué 88 livres 13 sous (3).

Le chapitre et l'Hôtel-Dieu de Meaux et le commandeur de Moisy le Temple y avaient aussi un droit à prendre sur la part du prieuré de Reuil.

La dîme de basse-cour ou charnage appartenait au curé de Lizy qui avait en outre en 1789 la dîme de 140 arpents de novales ; il était quant au reste réduit à la portion congrue, consistant en 102 minots et 1 boisseau de blé et 60 minots 1|2 d'avoine, que lui fournissait tous les ans le fermier des grosses dîmes, en l'acquit du prieuré de Reuil, gros décimateur.

Nous voyons encore à Lizy, dans la cour qui porte le nom de Cour des Dîmes, la grange dîmeresse des moines de Reuil. Monteil va nous dire dans son style pittoresque et animé quel en était l'usage.

« Il y avait dans les anciens villages une autre espèce de grand
« château ou de grand bâtiment qu'on appelait la grange dîme-
« resse, où, suivant les saisons, les villageois amenaient des
« agneaux, des veaux, des pourceaux, des chevreaux ; apportaient

---

(1) Bibliothèque de Meaux, 6ᵉ registre de Reuil. Le fermier devait percevoir la dîme même sur les terres du prieuré de Saint-Laurent et engranger à Lizy dans la grange dîmeresse.

(2) Aveu et dénombrement du 3 décembre 1725. Terrier censuel et féodal d'Oissery.

(3) Acte devant Bonnet, notaire à Lizy, du 26 avril 1784.

« des oisons, des dindons, des poulets ; apportaient de la laine, des
« gerbes, des raisins, que sais-je? apportaient de la farine, des
« chataignes, du gland, des fruits, que sais-je? du foin, du bois,
« que sais-je? apportaient les dîmes blanches, les dîmes vertes,
« que sais-je? les dîmes des pois, des lentilles, des fèves, des
« millets, des dragées, que sais-je? mais n'est-ce pas assez? »

En 1789 on a évalué le revenu des dîmes en France à 123 millions de livres (1).

Le tiers-état du bailliage de Meaux, à cette époque, ne réclamait
la suppression que de deux espèces de dîmes, et se contentait de
demander pour les autres un nouveau code qui en réglât la perception et les rendît moins onéreuses à l'agriculture.

L'Assemblée constituante fit plus et mieux, elle les supprima
toutes, en se réservant de subvenir d'une autre manière aux dé-
penses du culte et au soulagement des pauvres, et en déclarant
rachetables les dîmes inféodées. (Lois des 4 août et 3 novembre
1789, 15 mars 1790.) Par une autre loi du 1er décembre 1790, elle
ordonna que les fermiers des fonds sujets à la dîme seraient
tenus d'en payer aux propriétaires, à partir de la récolte de 1791,
la valeur fixée à l'amiable ou à dire d'experts. Ces mesures étaient
politiques et justes. Vexatoire dans la perception, inégale dans la
répartition entre les membres du clergé séculier ou régulier, dé-
tournée en grande partie de sa destination, la dîme devait en tout
cas être réformée ; instituée dans un intérêt d'ordre public, elle
devait disparaître dès que l'Etat se chargeait du soin de cet intérêt. Son abolition ne fut pas non plus un don gratuit fait aux
propriétaires ; elle eut pour compensation la contribution foncière,
inconnue jusqu'alors. Quoi qu'il en soit, si, comme on le prétend,
la dîme remonte à Abraham, elle avait vécu plus de 4,000 ans
lors de son trépas en France (2).

(1) Le roi dans sa réponse du 18 septembre 1789 ne l'évaluait qu'à 80 millions
au plus, mais cette estimation a été démontrée inférieure à la réalité ; aujourd'hui
elle ne monterait pas à moins de 600 millions, la production agricole de la France
dépassant 7 milliards.

(2) La Dîme royale, qui n'a rien de commun avec celle dont nous venons de
parler, est le nom d'un ouvrage de Vauban, inspiré par le plus pur patriotisme et
par un ardent désir de soulager le peuple. Vauban proposait de remplacer les impôts multiples, inégalement répartis, par un impôt unique auquel il donnait le
nom de dîme royale, et qui n'eût pas admis de privilège. Les privilégiés ruinèrent
dans l'esprit du roi l'auteur et le livre qui fut mis au pilori ; le grand capitaine, le
grand citoyen ne put survivre à cette disgrâce et mourut de chagrin quelques mois
après.

§ III. — BANVIN.

Le seigneur de Lizy a récolté les six arpents de vigne qui lui appartiennent (le Clos du Seigneur). Son vin est depuis huit mois dans son cellier ; il est bon à vendre. Nul, durant cinquante jours, du 10 août inclus au 1er octobre, ne pourra vendre du vin que le seigneur n'ait vendu le sien. C'est le banvin. Le débit de sa marchandise est du reste assuré ; ce haut et puissant vigneron a la police des cabarets, et c'est une recommandation auprès de ses agents que de s'approvisionner chez lui.

Les seigneurs ecclésiastiques ou nobles, qui jouissaient de ce privilège, étaient, par surcroît, exempts, sous certaines conditions, de tous droits de détail.

Ce privilège, que rien ne justifiait, ne pouvait durer ; il a été aboli par la loi du 15 mars 1790 (1).

§ IV. — PÉAGE.

Le pont de l'Ourcq, entre la ville et Vieux-Moulins, avait été en 1389 emporté par les eaux ; le seigneur l'avait rétabli et avait obtenu du roi, comme prix de ce rétablissement et de l'entretien dont il devait être désormais tenu, la concession d'un droit de péage, confirmé par arrêt du Conseil d'État du 3 juin 1738, lors de la révision générale des péages (2).

Ce droit était dû, suivant la règle générale alors, non pour les personnes, mais pour les bestiaux et marchandises (3). Lizy et

(1) En 1627, le seigneur de Lizy vendit en détail, sur le terroir de Lizy, le canton appelé aujourd'hui la Montagne, à la charge de le planter en vigne ; ce vignoble n'a pas réussi et a été supprimé.

(2) Voir acte Dubois, notaire à Lizy, du 12 juillet 1738. Un arrêt du Conseil d'État du 24 février 1733 avait supprimé le péage. Le 9 août suivant, Jean Sébastien, syndic de la paroisse, réunissait sous la halle les habitants de Lizy et les invitait à pourvoir désormais à l'entretien du pont, leur faisant observer que le seigneur ayant à sa disposition un autre pont entre le parc et le château, il n'avait plus ni intérêt ni devoir d'entretenir le premier. Mais le représentant du seigneur intervenait et annonçait que celui-ci avait retrouvé des titres constatant son droit à un péage, qu'il se réservait de les soumettre au roi et que jusque-là il entretiendrait le pont. (Acte Dubois, notaire, du 9 août 1733.) Il est énoncé dans un autre acte du même notaire, du 19 décembre 1727, que le seigneur dépensait en moyenne 130 livres par an pour l'entretien, et que vers 1701 le marquis de La Trousse avait consacré 2,000 livres à en faire restaurer la charpente.

(3) La redevance était pour un cheval ou une bête chevaline de 2 deniers, pour chaque bœuf de 4 sous, pour chaque vache 2 sous, chaque cent de bêtes à laine 8 sous 4 deniers, charrette chargée 2 sous, etc., à peine contre les contrevenants de confiscation des marchandises, harnais, chevaux et bestiaux, de 3 livres d'amende et de tous dommages-intérêts.

Mary en étaient exempts. Il rapportait dans les années immédiatement antérieures à 1789, 212 livres par an.

Ce revenu n'était plus ce qu'il avait été, quand le grand chemin de Paris à Reims passait par Lizy et avant la création de la route de Soissons. Aussi, Mme d'Harville, dame de Lizy, avait-elle formé le projet de rattacher cette dernière route à celle de Château-Thierry par Montreuil-aux-Lions et de prolonger le chemin de Beauval jusqu'à Senlis, pour mettre la Champagne en communication avec la Picardie et la Normandie, et faciliter l'écoulement des vins, des laines, du fer, provenant de la première de ces provinces. Les routes départementales de Dammartin à Château-Thierry et de May à Senlis, réalisent aujourd'hui le vœu de Mme d'Harville.

Appliqué aux ponts et aux bacs construits et entretenus par les seigneurs (le seigneur de Lizy était aussi propriétaire du bac de Mary), le péage était la rémunération plus ou moins proportionnelle d'un service. Sur le parcours des fleuves et des rivières, que les seigneurs s'abstenaient d'entretenir, il n'était plus qu'une exaction. L'avidité y avait multiplié les péages à l'infini ; c'était une bonne fortune que de posséder une rivière dans son domaine.

Au XVIIe siècle, il existait sur le Rhône trente péages dans un espace de trente-six lieues. En vain, les rois, à plusieurs reprises, défendirent d'en établir de nouveaux ; en vain ils cherchèrent à supprimer les anciens ; les seigneurs éludèrent les prescriptions royales. Aux droits de péage fort onéreux en raison de leur répétion fréquente, s'ajoutait une gêne excessive pour effectuer le paiement lui-même. Les bureaux de recettes étaient situés à des distances plus ou moins grandes du passage, jusqu'à trois ou quatre lieues ; il fallait perdre un temps infini ou courir le risque sur lequel comptait le receveur, de passer sans payer, c'est-à-dire de voir sa marchandise confisquée, et rachetée par une transaction qui décuplait le droit. Nous aurions peine à croire de tels abus s'ils n'étaient attestés par des documents irrécusables.

On raconte à Tancrou, près Lizy, qu'un péage était établi sur la Marne et qu'un canon braqué en haut du village avait raison des marchands qui oubliaient de payer. Quoi qu'il faille penser de cette légende, elle indique quel souvenir a laissé la rigueur des moyens employés pour assurer la perception du droit.

Mentionnons parmi les droits de cette nature, le pulvérage, droit qui était dû aux seigneurs pour le passage d'un troupeau à

cause de la poussière qu'il soulevait. « C'est, dit avec raison Bou-
» taric, le dernier raffinement des droits seigneuriaux. »

La loi du 15 mars 1790, en supprimant en principe les péages,
avait maintenu et déclaré rachetables ceux qui avaient été concé-
dés pour dédommagement de frais de construction de ponts, ca-
naux et autres ouvrages ; tel était le cas du péage du pont de
Lizy. Mais par la loi du 25 août 1792, l'Assemblée législative dé-
clara abolis sans indemnité tous les péages, sauf pour les ci-devant
seigneurs à prouver par les titres de leur création primitive, qu'ils
étaient la représentation ou le dédommagement d'une propriété
dont le sacrifice avait été fait à la chose publique. Le péage avait
cessé d'être perçu à Lizy dès 1789.

Nous voyons subsister encore aujourd'hui les droits de douanes
et ceux d'octrois, perçus au profit de l'Etat et des villes ; lorsqu'il
nous arrive de murmurer contre la gêne ou la charge qu'ils nous
imposent, rappelons-nous qu'ils ne profitent plus à un seul ; et
souvenons-nous des vexations, des extorsions que nos pères su-
bissaient à la limite de chaque seigneurie dans l'intérieur du
royaume (1).

§ V. — MARCHÉS, FOIRES, HALLAGE, MINAGE.

Pour l'approvisionnement de ses sujets et le développement du
commerce, le seigneur obtenait du roi l'autorisation d'instituer
des marchés et des foires, construisait une halle pour la commo-
dité des marchands, assurait la sincérité des transactions en pré-
posant un agent de son choix au mesurage des objets vendus, faisait vérifier certaines denrées. C'étaient autant de sources de
revenus pour lui. A Lizy, nul ne pouvait étaler, vendre, ni
débiter des marchandises ou bestiaux aux marchés et foires qu'en

(1) Voici un extrait d'un tarif de perception daté de 1663 ; on verra que rien
n'échappait aux droits : « C'est la pancarte et déclaration des droits de péage et
» passage par eau des denrées et marchandises montant et avalant par la rivière de
» Marne à l'endroit de Nogent-l'Artaud, payables envers le seigneur dudit Nogent.
» Toutes personnes, clercs, gentilhommes ou autres de quelque état qu'ils soient,
» doivent péage de quelque marchandise que ce soit.
» Toute marchandise qui se pèse et vend au poids, le cent doit 10 deniers
» tournois.
» Une navée de foin, blé, seigle, orge, avoine, vesces, pois et autres grains, la
» navée doit 10 deniers tournois. La pièce de vin, grande ou petite, doit 5 deniers
» tournois. La faucille doit obole, la faux doit 1 denier tournois, la grosse de sabots
» doit 5 deniers tournois. Chaque pièce d'oiseau de proie doit 2 deniers tournois,
» mais si l'esprevier y est, il affranchit les autres. »

payant un droit déterminé ; nul, se servir d'autres halliers, planches, etc., que de ceux du seigneur et en payant ; nul, vendre et livrer ses grains dans toute l'étendue de la seigneurie sans recourir, pour les mesurer, à l'agent du seigneur et payer le droit (quinze sous par muid), tout cela sous peine de confiscation et d'une amende de trois livres quinze sous (1).

En outre, le seigneur de Lizy établissait un langueyeur ou inspecteur des porcs, chargé de s'assurer par la langue des bêtes mises en vente qu'elles n'étaient pas atteintes de ladrerie. Ce droit se donnait généralement à bail avec celui de hallage et minage.

Ces perceptions étaient, à Lizy, plus gênantes pour les redevables que profitables au seigneur. En 1785, elles donnaient à peine 120 livres par an. Il est vrai qu'en 1658 le minage de Lizy rapportait 640 livres. Il avait bien diminué. Entre autres causes, l'édit de Turgot du 13 septembre 1774 avait établi la liberté des grains ; de plus, les laboureurs qui venaient au marché de Lizy apportaient de simples échantillons de leurs grains dans de petits sacs, faisaient leur vente dans l'*Auberge de la Charrue,* et n'en conduisaient plus au marché. La livraison de la plus grande partie se faisait au port de Mary, où elle s'embarquait pour Paris. C'était l'objet de profondes doléances de la part de l'intendant du seigneur qui ajoutait : « De là vient que le peuple manque souvent » de blé ; on est obligé de le racheter aux marchands, ce qui le » renchérit.» Et il indiquait naïvement un remède qui prouve bien l'ignorance où l'on était des principes et des bienfaits de la liberté du commerce : « Ce serait d'obtenir un arrêt d'arrondissement » pour que tous les laboureurs compris dans cet arrondissement » fussent obligés d'amener leurs grains au marché. » Grâce à cette mesure, il promettait au seigneur un revenu de 10,000 livres par an.

Nous ne devons pas nous étonner que cet intendant, si zélé pour les intérêts de son maître, n'ait pas compris Turgot, quand nous savons que l'édit de 1774 suscita à ce ministre des ennemis parmi ceux mêmes qu'il avait voulu protéger, et fut une des causes de sa chute (2).

(1) Aveu et dénombrement du 3 décembre 1725. — Terrier féodal et censuel d'Oissery.

(2) Aujourd'hui même encore, sur la plupart des marchés, les pourvoyeurs et revendeurs ne peuvent acheter qu'à partir d'une certaine heure, afin de permettre aux habitants de la localité de s'approvisionner. Cette disposition que consacrait à

2

En 1725 il existait à Lizy quatre foires annuelles : Saint-Sébastien (20 janvier), Saint-Jacques et Saint-Philippe (1er mai), Saint-Laurent (10 août), et Saint-Denis (9 octobre). Elles avaient été instituées : deux par lettres-patentes de Louis XII en date à Blois de 1501, sur la demande de Louise de Vaudrey, veuve de Guillaume III du Broullat (1), et les deux autres par lettres patentes vérifiées au Châtelet de Paris le 4 août 1629, à la demande de François d'Angennes, seigneur de Lizy.

Ces foires qui existaient encore en 1742, ainsi que le témoigne un acte reçu par Dubois, notaire à Lizy, le 8 mars de ladite année, sont tombées en désuétude pendant longtemps ; une seule, celle d'octobre, a été rétablie en 1839 et fixée au 6 du mois par décret du 9 septembre 1861 (2).

Le marché de Lizy est de date immémoriale et s'est tenu toujours le vendredi.

Un document ancien indique quelle était l'importance des foires à l'époque où les communications étaient difficiles et où le commerce rencontrait pour ses opérations de chaque jour des entraves sans nombre. Les deux foires de Provins rapportèrent au comte de Champagne et de la Brie, en l'année 1296, 2.779 livres 12 sous 1 denier, et la foire de Lagny, 1.813 livres 7 sous 8 deniers.

Aujourd'hui encore, les villes et même les villages, à l'exemple des seigneurs, construisent des halles, favorisent l'établissement des foires et marchés et en tirent produit, non plus au profit d'un seul, mais au profit de tous, et il est telle commune qui y trouve le plus clair de ses revenus (3).

Lizy dès 1723 un article du règlement de police peut-elle se concilier avec la liberté du commerce proclamée par la loi du 17 mars 1791 ? La Cour de cassation la reconnaît légale et obligatoire.

(1) Trésor des Chartes, R. CCXXXV, p. 94.

(2) En 1780, dans une requête à Mme d'Harville, portant de nombreuses signatures, « les habitants de Lizy qui avaient le bonheur d'être ses sujets, » rappelaient qu'il a existé le 1er mai une foire ou plutôt une fête très favorable au commerce local et même aux droits seigneuriaux, que cette foire a été transférée au mardi de la Pentecôte, jour où dans une procession solennelle s'honorent à Jouarre les saintes reliques conservées en l'église de cette paroisse, et ils supplient la dame de Lizy d'ordonner à ses officiers de justice, afin d'éviter cette coïncidence, de fixer la fête au premier dimanche de mai. Nous ignorons quelle suite a été donnée à cette pétition.

(3) La halle de Lizy appartenait au seigneur. Le 1er septembre 1792, Mme d'Harville offrit à la commune de la lui céder, avec les accessoires, à prix d'estimation : le conseil général de la commune nomma des commissaires à cet effet. Il ne paraît pas qu'en l'an XII la question de la propriété de la halle fût bien nette, car le maire

Les conseils généraux ont été investis par la loi du 10 août 1871 du droit de statuer définitivement sur l'établissement, la suppression ou les changements de foires et marchés; ils refusent bien rarement les autorisations demandées pour la création de nouvelles foires ou de marchés, laissant ainsi à l'initiative particulière toute sa liberté.

Le droit de hallage et minage a été supprimé par la loi du 15 mars 1790.

§ VI. — BANALITÉ.

De même qu'il avait construit les ponts, le seigneur, maître des cours d'eau de son domaine, avait, pour son usage et pour celui de ses sujets, établi des moulins. A Lizy, il avait moulin à farine, moulin à drap, moulin à huile et aussi un pressoir; et, soit en vertu de la coutume, soit en vertu d'une convention, « nul ne pouvait faire moudre ses grains, faire faire ses huiles, faire fouler ses draps, faire pressurer ses vins qu'aux moulins et pressoir du seigneur, à peine de confiscation des grains, etc., et le droit se percevait, pour les grains se moulant en farine, la seizième partie; pour les vins, le sixième seau ; pour les huiles, 10 sous chaque minot, et pour la draperie, 10 sous pour chaque pièce de drap, serge et autres quelconques » (1). Voilà la banalité.

Une conséquence nécessaire de cette banalité, c'est que nul ne pouvait, là où elle existait, construire ni pressoir ni moulin (2), et aussi que nul meunier étranger ne pouvait amener de farine ni venir chasser (quêter du grain) sur le territoire banier.

Ce monopole industriel, très-cher aux seigneurs, était précieux à Lizy, où les moulins ont toujours eu une grande importance. Aussi les seigneurs l'ont-ils constamment maintenu avec un soin jaloux.

écrivait le 12 brumaire au citoyen B... « Soit que la halle de Lizy appartienne à Mme d'Harville, soit qu'elle appartienne à la commune, toujours est-il que vous jouissez des bancs et du produit depuis nombre d'années sans rien payer. » Il est hors de doute qu'aujourd'hui cette halle appartient à la commune de Lizy.

(1) Aveu et dénombrement de 1725.

(2) En 1575, à la requête du duc de Savoie et de Nemours, seigneur de Bray-sur-Seine, le bailly de Bray condamnait divers habitants à cuire leurs pâtes et pains aux fours banaux de la ville et ordonnait que tous les autres fours seraient démolis et abattus dans la quinzaine, avec défense d'en édifier ni construire sans permission (*Archives de Seine-et-Marne*, E. 963).

En 1413, Regnault Lecharpentier, meunier à Viron (commune d'Ocquerre), s'étant avisé d'amener de la farine à Lizy, Marie de Paillard, dame du lieu, obtint le 27 novembre, du prévost de Lizy, sentence de laquelle il résulte que « nul des habitants d'icelle
» ville de Lizy ne peut aller moudre ailleurs, qu'il doit payer au
» meunier de la dame de Lizy la mouture du blé qu'il aurait
» moulu hors du moulin, et avec ce l'amende de 60 sols tournois,
» et en outre que nul meunier ni autre personne ne peut ni ne
» doit amener farine moulue pour vendre, en ladite ville de Lizy,
» qu'il ne soit tenu de perdre le cheval et la farine, avec semblable
» amende de 60 sols tournois. »

Et l'imprudent meunier de Viron fut en effet condamné à perdre cheval et farine et à payer l'amende.

En 1660, le meunier de Lizy, Guillaume Gibert, avait vu à son tour son cheval et sa voiture, quêtant sur le terroir du Plessis-Placy, saisis par le meunier de ce village, mais il en eut raison ; en vain, le seigneur du Plessis-Placy, François Augis, conseiller et secrétaire du roi, prit fait et cause pour son meunier ; après les évolutions d'une procédure qui dura près de six ans, intervint au Parlement de Paris, le 20 février 1666, un arrêt qui, constatant la banalité du moulin de Lizy et la non-banalité du moulin à vent du Plessis, condamna le seigneur de ce dernier lieu à 12 livres de dommages-intérêts envers Gibert.

Mal en prit aussi à un boulanger de Lizy, nommé Lormier, d'avoir fait sa farine ailleurs qu'au moulin banal. Le 6 novembre 1693, à la requête de Marguerite Delafond, dame de Lizy, et Jeanne Scellier, sa meunière, il était condamné à 3 livres de dommages-intérêts et à 3 livres d'amende ; il épuisa toutes les juridictions, mais sans succès. Par sentence du Châtelet de Paris, en date du 9 septembre 1694, et par arrêt de la cour du parlement, du 22 février 1695, la dame de Lizy fut maintenue en possession du droit de banalité du moulin ; défenses furent faites à l'appelant et à tous autres habitants d'aller moudre ailleurs, enfin la condamnation à l'amende et aux dépens fut confirmée contre Lormier.

Plus récemment, en 1774, le meunier de Vieux-Moulin ayant contrevenu à la banalité des moulins de Lizy, dut reconnaître qu'il n'avait aucun droit d'aller ni envoyer quêter les grains des particuliers de Lizy pour être convertis en farine dans son moulin, ou leur en ramener ou faire ramener les farines et son ; et, tout en déclarant que la contravention avait été commise à son insu, il se soumettait à payer 72 livres de dommages-intérêts (1).

L'année précédente, année de cherté des grains, les boulangers de Lizy se soulevèrent contre la nécessité de payer le droit de mouture sur le pied du seizième en nature ; ils firent non sans peine avec le meunier un traité fixant le droit à 16 livres 10 sous par muid (12 septiers, de 5 minots chacun, mesure de Meaux), pour une seule mouture, et à 21 livres si le grain devait être moulu et remoulu suivant la vieille méthode (2).

Ces exemples font suffisamment comprendre quels obstacles la banalité opposait aux progrès de l'industrie et à l'extension du commerce.

En bien des seigneuries, elle ne s'appliquait pas seulement aux moulins et aux pressoirs, mais encore aux brasseries, forges, boucheries, fours, etc.

« Ce droit, dit Renauldon en son Dictionnaire de jurisprudence, est odieux comme constituant une espèce de servitude personnelle ». Eût-il en effet, dans l'origine, reposé sur une convention, son caractère perpétuel et irrachetable le rendait, par le progrès des siècles, aussi disproportionnellement onéreux que contraire à la liberté.

La législation nouvelle ne pouvait laisser subsister les banalités. Les lois des 4 août 1789 et 15 mars 1790 les abolirent, en exceptant toutefois et déclarant rachetables celles qui reposaient sur un contrat.

§ VII. — CORVÉE.

Chaque année, au moment de la maturité des foins, un ordre du seigneur mandait à tous et à chacun des habitants de Lizy, qu'ils eussent à venir faner les foins des deux pièces du château appelées les Corvées, les charger, charrier, décharger, engranger et entasser sans pouvoir prétendre ni salaire ni nourriture, à peine contre les contrevenants de 3 livres 15 sous d'amende chacun (3).

Telle était la corvée. Les prairies du château contenaient 29 arpents et ce travail représentait au dernier siècle 100 livres environ.

(1) Acte Picart, notaire à Lizy, 13 juillet 1774.
(2) Acte Picart, notaire à Lizy, 23 octobre 1773.
(3) Aveu et dénombrement du 3 décembre 1725.

On pouvait d'ailleurs se faire remplacer. Si, matériellement, cette obligation était peu lourde, sa nature la rendait intolérable ; nous pouvons reprendre l'expression de Renauldon et l'appeler un devoir odieux.

Lorsque le seigneur de Lizy cessa de cultiver lui-même son domaine et le donna à bail, il y comprit le droit de corvée. Nous le voyons figurer dans un bail de la ferme seigneuriale du 24 novembre 1770. Mais la corvée, malgré cette mention, était depuis assez longtemps tombée en désuétude.

On sait à quels abus la corvée a donné lieu. En maintes seigneuries les sujets étaient corvéables à merci ; les rois intervinrent et réduisirent à 12 par an les jours de corvée (1579). Là aussi le caprice et l'orgueil se donnèrent carrière en imposant les obligations les plus étranges. Les parlements déclaraient non obligatoires les corvées contraires à l'honnêteté, à la décence, à la morale ; mais combien d'autres subsistaient qui pour n'être que ridicules n'en étaient pas moins insupportables. Près de l'abbaye de Seuilly (Indre), se trouvait un large fossé plein d'eau que tous les mariés de l'année devaient sauter le 1er dimanche de juin, au son de la musique et publiquement, sous peine de 3 livres 2 onces de poivre au profit de l'abbaye. Les paysans de l'abbé de Luxeuil, ceux du prince de Soubise à Roubaix devaient, durant le séjour des seigneurs dans leurs domaines, battre l'eau des étangs pour faire taire les grenouilles ; « chez le même prince de Soubise, ils de-« vaient à certains jours venir faire la moue, le visage tourné vers « les fenêtres du château, ailleurs venir à cloche-pieds baiser le « loquet de la porte du manoir ou faire une momerie de gens « ivres en présence du seigneur » (1).

Nos pères à Lizy n'eurent pas à subir de semblables humiliations.

Au commencement du XVIIIe siècle, à la corvée seigneuriale s'ajouta la corvée royale qui avait pour objet la confection et l'entretien des chemins. Elle pesait exclusivement sur les paysans qu'elle détournait de leurs travaux et dont elle ruinait le matériel et les animaux ; la contrainte, les amendes, la saisie atteignaient les récalcitrants. Abolie par Turgot en février 1776, elle fut rétablie trois mois après et ne fut supprimée définitivement, comme la corvée seigneuriale, que par la loi déjà citée du 15 mars 1790.

(1) Paul Lacroix, *Mœurs et usages au moyen-âge.*

Le mot corvée est encore employé quelquefois aujourd'hui, par réminiscence du passé, et s'applique dans le langage usuel au travail que l'excellente loi de 1836 réclame de chaque habitant, soit en nature, soit en argent, pour l'entretien des chemins vicinaux. Mais cette prestation dont personne n'est exempt, qui n'est que la réparation par chacun de l'usure qu'il est réputé causer aux chemins, n'a rien qui ressemble à la corvée du temps passé, forcément personnelle et surtout cruellement inégale. Elle n'a rien en tous cas qui porte atteinte à la liberté, à la dignité. En supposant que la prestation ne soit pas rigoureusement proportionnelle, la loi de 1836 a produit pour nos campagnes de si précieux résultats, elle a donné un tel essor à notre agriculture, à nos industries, à toutes nos entreprises, elle procure au plus humble prestataire de telles facilités et a tellement élargi le cercle de son travail, qu'il est prudent de n'y toucher qu'avec une extrême circonspection.

§ VIII. — CENS, RETRAIT CENSIER, SURCENS, LODS ET VENTES, TERRIERS.

Lorsque les Francs eurent fait la conquête des Gaules, le prince qui les commandait se réserva une partie des terres conquises et distribua le surplus à ses officiers, à la charge du service militaire. Ces officiers firent de leur côté des concessions semblables à des officiers subalternes qui, à leur tour, en faisaient de pareilles à d'autres. C'est à cette gradation de concessions que les fiefs et arrière-fiefs doivent leur origine (1). Nous en parlerons plus loin.

Mais une autre partie du sol, de beaucoup la plus considérable, resta entre les mains de ses possesseurs ou fut concédée par les seigneurs à leurs sujets sous la charge et réserve, dans l'un et l'autre cas, de la seigneurie directe et du paiement d'une redevance. Ces terres étaient roturières. La redevance était le cens, fort modique du reste (4 deniers par arpent, à Lizy, Congis, Échampeu, etc.), mais de nature seigneuriale, c'est-à-dire imprescriptible et irrachetable, donnant généralement au seigneur le droit de retraire ou reprendre l'immeuble à chaque mutation et ne laissant ainsi au possesseur qu'un droit précaire. Les redevables s'appelaient censitaires, et le nom de censives s'appliquait tout à la fois au droit et aux biens qui en étaient chargés.

(1) Code des seigneurs hauts justiciers.

Ces possessions roturières avaient constitué, bien avant le xviii⁰ siècle, une large démocratie terrienne ; ce serait une erreur de croire que le tiers-état est devenu propriétaire foncier seulement depuis la Révolution, ou peu de temps auparavant; la division du sol et l'accession des anciens serfs à la propriété étaient des faits accomplis depuis longtemps dans notre contrée. Ainsi sur les 1.679 arpents composant le territoire de Lizy, 1.202 arpents 50 perches étaient de roture. Le seigneur n'en avait conservé que 238 ; pareille quantité appartenait à des établissements ecclésiastiques et au collège Louis-le-Grand. Dans cette paroisse le nombre des censitaires ou propriétaires de biens de roture était en 1780 de 265; il était à Échampeu (depuis réuni à Lizy), suivant le terrier du seigneur en 1769 de 150, soit au total 415. Le cadastre de Lizy et d'Échampeu ne compte aujourd'hui que 450 articles, y compris les doubles emplois inévitables. Il y a plus, le cadastre d'Echampeu, au moment de sa réunion à Lizy (1841), ne portait plus que 140 propriétaires au lieu des 150 censitaires de 1769. Mais, d'autre part, l'importance moyenne des cotes immobilières des habitants mêmes des villages s'est sensiblement accrue.

A côté des fiefs et des censives, se plaçait l'alleu, bien libre, exempt de toutes charges, n'étant sujet à aucun devoir, placé en dehors de la hiérarchie féodale ; l'alleu est le type de la propriété telle que nous la concevons ; il avait eu peine à se maintenir dans ces siècles où la sujétion était la règle : il ne s'en trouve pas d'exemple à Lizy (1).

Au cens s'ajoutait souvent, soit en vertu de la coutume, soit plus souvent en vertu de la convention, le surcens ou rente seigneuriale en grains, poules ou chapons.

A Lizy, les cens, surcens et rentes seigneuriales s'élevaient pour l'année 1780 à 275 livres 7 sous, 4 deniers, 12 minots de blé, 23 minots d'avoine, 10 chapons 1/8 et 12 poules 1/6 (2).

En cas de non paiement à l'échéance, le censitaire était condamné au profit du seigneur à une amende appelée défaut.

(1) On sait que le royaume d'Yvetot, rendu célèbre par la chanson, n'était autre chose qu'un franc alleu.

(2) Dans certains endroits, le sujet devait chaque année une poule ou géline à son seigneur ; on l'appelait poule de coutume ou poule de feu (une par feu); cette redevance qui ne s'appliquait guère qu'aux serfs n'existait pas à Lizy.

On donnait aussi le nom de surcens, mais improprement, à de véritables rentes foncières; telle était celle d'un muid de blé et un setier d'avoine due à la seigneurie

Le cens, tout modique qu'il était, avait une sérieuse conséquence pécuniaire ; l'héritage qui y était soumis devait au seigneur censier, en cas de vente ou contrat analogue, un droit appelé lods et ventes. Ce droit était à Lizy du douzième du prix. Il se modérait souvent de 1/3 ou de 1/4 ; le produit en était évalué en 1780 à 1,670 livres par an, sauf les remises accoutumées. Il variait de paroisse à paroisse ; à Cocherel il s'élevait jusqu'au sixième du prix ; par contre, à Congis, en vertu d'une disposition fort exceptionnelle, il n'était point dû de lods et ventes. N'oublions pas qu'en outre de ce droit, le plus souvent exorbitant, il fallait payer au roi le contrôle et le droit d'insinuation, et nous prendrons une idée des charges qui pesaient sur la propriété roturière.

L'ensaisinement était la conséquence du paiement des droits de lods et ventes ; le salaire de la formalité était en général 12 deniers. Cette mise en possession produisait un effet important ; elle était le point de départ de la prescription au profit des nouveaux possesseurs.

Il était intéressant de ne pas laisser perdre les produits casuels de la seigneurie ; aussi les seigneurs avaient-ils soin de solliciter des lettres patentes les autorisant à renouveler fréquemment leur terrier, c'est-à-dire le registre sur lequel étaient relevés la consistance et les droits utiles ou honorifiques de la seigneurie (1). Tous les censitaires devaient y venir faire la déclaration des biens qu'ils possédaient, avec production de leurs titres et reconnaissance des cens, surcens, rentes seigneuriales, dus pour chaque héritage. En cas de retard ou de refus, le juge impartissait un délai passé lequel les biens des retardataires se trouvaient réunis au domaine du seigneur, avec faculté pour lui d'en disposer comme bon lui semblait.

Les terriers de la seigneurie de Lizy, dont le dernier a été dressé en 1770, ont disparu ; ils ont sans doute été brûlés au pied de l'arbre de la liberté avec grand nombre d'autres papiers féodaux. Heureusement d'autres documents y suppléent.

de Lizy par divers habitants de Fosse-Martin, en vertu d'un bail à rente fait par Guillaume du Broullat, seigneur de Lizy, devant Baulde, notaire de ce lieu, le 23 novembre 1483, ou encore la rente de 12 setiers de blé et 1 setier d'avoine que devaient des habitants de Beauval, en vertu d'un acte du 28 juin 1566 fait avec Louise d'Orgemont, veuve de Louis du Broullat, dame de Lizy Les surcens et rentes seigneuriales étaient, comme le cens, irrachetables.

(1) Il existe à la mairie de Lizy un terrier de l'ancienne paroisse d'Echampeu, qui est un remarquable spécimen des documents de ce genre.

La taille, dont a beaucoup parlé et qui était pour le seigneur le droit de lever arbitrairement des impôts sur ses sujets, a dû être perçue à Lizy, mais elle avait cessé depuis fort longtemps. Il y avait existé aussi au profit du seigneur un droit appelé pain de fortage, qui était de 2 deniers tournois par habitant. Il n'était plus perçu en 1600.

La loi du 15 mars 1790, considérant comme prix et condition d'une concession primitive de fonds, les cens, surcens, rentes féodales, lods et ventes, avait ordonné sur cette présomption, en réservant la preuve contraire, qu'ils continueraient à être payés jusqu'au rachat qu'elle en autorisait ; cependant, dès le vote de la nuit du 4 août 1789, les campagnes, où régnait une vive agitation, s'étaient généralement refusées à payer les droits seigneuriaux. Nous lisons dans un procès-verbal d'assemblée de la communauté d'Arzillières, dont la baronie appartenait aussi à la comtesse d'Harville, dame de Lizy, en date du 17 novembre 1789 : « Les habitants, d'une voix unanime et par acclamation, refusent, en corps de communauté, les censives et droits seigneuriaux prétendus par madame la comtesse d'Harville, à laquelle ils ne cessent de porter le plus profond respect, jusqu'à ce qu'elle ait fait connaître par la production de ses titres quels sont les droits représentatifs des anciennes servitudes et ceux qui, étant le prix d'une concession, seraient l'objet d'un rachat. » Si cette délibération avait été déférée au Conseil du roi, elle eût été cassée comme l'ont été plusieurs autres de même nature par arrêt du 11 juillet 1790.

Des censitaires rachetèrent, conformément à la loi du 15 mars 1790, les droits de cens, lods et ventes : ainsi le 2 janvier 1792, André-Alexandre Béjot, cultivateur à Charmentray, payait au ci-devant duc de Gesvres 186 livres 16 sous pour rachat de cette nature sur six pièces de terre situées en la ci-devant seigneurie d'Echampeu ; le 11 février suivant, le même seigneur recevait semblable remboursement d'un sieur Charles-Jean Daguin (1) : mais ces exemples durent être rares ; car une autre loi du 25 août 1792, moins équitable que la précédente, a supprimé la présomption établie par celle-ci, et une troisième loi du 17 juillet 1793, consacrant une iniquité, abolit définitivement, sans indemnité et sans distinction, toutes les redevances ci-devant seigneuriales, droits censuels, fixes et casuels.

---

(1) Aubry, notaire à Crouy ; actes à ces dates.

§ IX. — CHASSE.

Il est un droit qui, généralement, n'est pas même écrit parmi ceux des seigneurs, par ce fait qu'il était un accessoire, une conséquence essentielle de la haute justice : c'est le droit de chasse, droit noble par excellence, droit royal. Nos rois, en effet, ont été pour la plupart aussi intrépides chasseurs que vaillants soldats, et ceux mêmes qui ne se piquaient pas de ce dernier mérite, n'étaient pas moins passionnés pour la chasse : témoin Louis XI, qui cherchait dans cet exercice une distraction à ses sombres pensées, et consacrait, malgré ses principes rigoureux d'économie, des sommes considérables à l'achat de faucons, de chiens et de chevaux de chasse. C'est souvent au retour de la chasse que son ancêtre saint Louis rendait la justice sous le chêne de Vincennes. François Ier fut surnommé le père des veneurs ; Charles IX et sa mère, Catherine de Médicis, eussent dû oublier dans cet exercice qu'ils aimaient, le dessein de l'abominable nuit du 24 août 1572 ; Henri IV chassa, nous raconte Sully, le lendemain de la bataille d'Ivry (1) ; Louis XIV, délaissant la chasse au faucon, mit en honneur la chasse du cerf ; sous ses deux successeurs, des carnets authentiques nous apprennent combien de pièces de gibier ont reçu la mort de leur royale main (2). Aussi la maison de nos rois comptait-elle, dès le xiiie siècle, parmi les grands officiers, ceux de la vénerie : grand-veneur, grand-fauconnier et plus tard grand-louvetier (3). Ces charges étaient recherchées par les plus grandes familles ; en 1789, le duc de Penthièvre était grand-veneur, le comte de Vaudreuil, grand-fauconnier, le comte d'Haussonville, grand-louvetier (4). Ils avaient sous leurs ordres des capitaines, des lieutenants, des gentilshommes, des pages, des piqueurs, des gardes, toute une troupe enfin. Pour la conservation des plaisirs royaux, il avait été créé dix capitaineries qui, outre le soin d'en-

(1) Voir Paul Lacroix : *Mœurs, usages et coutumes au moyen-âge.*

(2) En 14 ans, Louis XVI abat 189,251 pièces de gibier, outre 1,254 cerfs ; les sangliers, les chevreuils sont en proportion (M. Taine, *Origines de la France contemporaine, — l'Ancien régime,* page 122).

(3) Il a existé une charge de capitaine du vol pour pies, qui n'a été supprimée qu'en novembre 1733. (*Archives de Seine-et-Marne,* C. 336).

(4) Le fils de Buffon était lieutenant *ad honores* dans la capitainerie royale de Fontainebleau (*Archives de Seine-et-Marne,* B. 66.)

tretenir le gibier, avaient la charge de juger les délits. Il en existait une à Montceaux ; en 1789 elle avait pour gouverneur et
capitaine notre voisin, le duc de Gesvres ; elle comprenait un lieutenant de robe longue, un premier lieutenant, un lieutenant
honoraire, un sous-lieutenant, un procureur du roi, un greffier,
un receveur des amendes, un inspecteur général, un sous-inspec-
teur, dix-huit gardes dont six à cheval, un huissier ; au total,
vingt-neuf fonctionnaires, soldés pour l'entretien d'une chasse
royale, où le roi n'avait pas pris ce plaisir depuis 175 ans (1).

C'était un mauvais voisinage qu'une capitainerie ; le gibier dé-
vorait les récoltes ; les prairies et autres fourrages ne pouvaient
être coupés avant l'éclosion des couvées. « On prend plus de souci,
» dit un auteur, de la perdrix qui couve que d'une femme en
» couches » (2). Et cependant, malheur au vilain qui se serait vengé
sur l'ennemi ! Les peines les plus sévères lui étaient réservées,
amende, prison, bannissement, les galères, la mort même (3).

Aussi, dans le préambule de son cahier, le tiers-état du bailliage
de Meaux disait : « L'agriculture est dans le découragement ; la
moisson du laboureur lui est enlevée par la multitude du gibier.
Dans la capitainerie de Montceaux, qui embrasse quatre lieues
carrées d'étendue, vingt-cinq gardes sont employés au maintien
de la loi injuste d'épiner, de celle qui empêche la fauchaison, à
vexer les habitants par des amendes, des perquisitions, des empri-

(1) La chasse coûte au roi de 1,100,000 à 1,200,000 livres par an et occupe 280
chevaux, outre ceux des deux écuries. (M. Taine, ouvrage cité, page 121.)

(2) Voici quelques passages d'un règlement publié en 1761 par le duc de Gesvres,
gouverneur du château et de la capitainerie de Montceaux : — ART. 1er. Défense à
toutes personnes de chasser en quelque sorte et manière et sur quelque gibier à poil
ou à plumes que ce puisse être dans toute l'étendue de la capitainerie ; faucher ou faire
faucher aucun pré, luzerne et sainfoin avant la Saint-Jean ; enclore aucun héritage
dans l'étendue des plaisirs sans permission. — ART. 3. Ne pourront, aucuns particuliers, soit propriétaires, soit fermiers ou autres, cueillir ou envoyer cueillir des
herbes dans les blés et autres grains depuis le 1er mai, sous peine de 3 livres
d'amende pour la première fois. — ART. 4. Faisons défense à toutes personnes
d'aller à travers champs dans les blés, avoines, etc..., même aux propriétaires, depuis le 1er mai jusqu'à la Saint-Jean et encore pendant la grand'messe et vêpres,
les jours de fêtes et dimanches de toute l'année. (*Archives de Seine-et-
Marne*, A. 87.)

(3) Henri IV, « le seul roi dont le peuple ait gardé la mémoire, » avait établi la
peine de mort « contre les braconniers arrêtés plusieurs fois chassant la grosse
bête dans les forêts royales. » Tant il est vrai que les esprits, même les plus géné-
reux et les plus élevés, ne peuvent pas s'affranchir de toutes les erreurs de leur
temps. Oublions cette erreur-ci et souvenons-nous que Henri IV a relevé et sauvé
la France compromise et épuisée par les derniers Valois.

sonnements (1). Vingt-cinq gardes, en un mot, sont toujours en activité pour la conservation d'un ennemi qui rend la terre stérile; quatre cavaliers de la maréchaussée veillent seuls à la sûreté des citoyens. » Il ne faut rien ajouter à ce rapprochement éloquent.

Le tiers-état demandait donc que tout propriétaire et cultivateur pût, par tout autre moyen que par les armes à feu, tuer sur ses terres le gibier destructeur des fruits et récoltes; que les remises à gibier et garennes ouvertes fussent supprimées. La noblesse elle-même du bailliage de Meaux et, après elle, le clergé demandaient la suppression de la capitainerie de Montceaux, déjà réclamée par les Etats-Généraux de 1614.

Les nobles cependant n'étaient pas moins jaloux que les rois du droit de chasse; ils entretenaient aussi des fauconneries, des meutes, des équipages considérables, et au moyen-âge, dans plus d'une baronnie, l'éducation des faucons a tenu plus de place que celle des enfants.

Le seigneur de Lizy, en qualité de haut justicier, avait droit de chasse sur toutes les terres de sa justice. Il en jouissait paisiblement, lorsqu'en 1782, Bulté père, garde-chasse du chapitre de Notre-Dame de Paris, s'insurgea et chassa obstinément, sous une grêle de procès-verbaux du garde seigneurial Michel et de condamnations au bailliage de Lizy.

Suret, dit l'avocat, succéda à Bulté dans son titre et sa révolte, et il s'établit entre lui et le garde seigneurial une lutte semi-héroïque qui ne s'arrêta qu'à la trentième contravention et au trentième procès-verbal. L'affaire fut portée en appel à la table de marbre du palais à Paris; le chapitre prit fait et cause pour ses gardes, et « les vénérables doyen, chanoines et chapitre » n'étaient pas hommes à rien céder de leurs prétentions. D'autre part, la chose était pour Mme d'Harville de trop d'importance pour qu'elle abandonnât la partie. Elle invoquait son titre de haute justicière, qui devait lui assurer le droit contesté, tançait vertement ses ad-

(1) Le 15 juin 1722, les gens du comte d'Evreux, gouverneur de Montceaux, assaillent la maison de Pierre Moreau, à Varreddes, le maltraitent de coups, ainsi que sa femme et ses enfants et font usage de leurs armes contre cette famille soi-disant condamnée à l'amende. (*Archives de Seine-et-Marne*, B. 395.)

En 1785, Louis Michel et Pierre Lecerf, du Vaudoué et de Larchant, « braconniers incorrigibles, » étaient condamnés à être bannis à 15 lieues de la forêt et capitainerie de Fontainebleau après avoir été préalablement battus de verges autour des forêts, bois et garennes où ils braconnaient. (*Archives de Seine-et-Marne*, B. 65.)

versaires qui avaient osé se qualifier de seigneurs de Lizy et les réduisait à faire amende honorable de ce chef. Ceux-ci, à leur tour, prétendaient que ce qu'ils possédaient sur Lizy (112 arpents environ) était un fief, dit de la Motte, « tenu franchement et quittement sans servitude aucune, en franc alleu, » provenant d'une donation faite au chapitre en 1365 par les exécuteurs testamentaires de Guillaume de Chanac, patriarche d'Alexandrie, lesquels avaient acquis ces droits en 1353 d'une dame de Pontmolin. Ce débat commencé en 1782 était encore pendant en 1788, et avait donné lieu à une procédure effroyablement volumineuse. Comment a-t-il été tranché? Nous l'ignorons. N'a-t-il pas été s'abîmer dans le gouffre qui a englouti les droits féodaux?

Le décret-loi des 4 août et 3 novembre 1789 porte :

« Le droit exclusif de la chasse et des garennes ouvertes est aboli, et tout propriétaire a le droit de détruire et faire détruire, sur ses possessions, toute espèce de gibier, sauf à se conformer aux lois de police qui pourront être faites relativement à la sûreté publique.

» Toutes capitaineries, même royales, et toutes réserves de chasse, sous quelque dénomination que ce soit, sont pareillement abolies.

» M. le président est chargé de demander au roi le rappel des galériens et des bannis pour simple fait de chasse, l'élargissement des prisonniers actuellement détenus et l'abolition des procédures existant à cet égard. »

Les principes posés par la loi de 1789 régissent encore notre législation sur la chasse ; si, par mesure d'ordre et de sécurité publique, la chasse n'est pas considérée comme du domaine du droit des gens et n'est pas permise à chacun indistinctement et sans condition, sur son propre terrain, la loi de 1844 est bien différente des lois antérieures ; l'amende est la peine principale pour le simple fait de chasse.

D'autre part, la suppression des capitaineries a délivré l'agriculture des dommages incalculables qu'elle en éprouvait, et si encore aujourd'hui elle souffre, en plus d'un endroit, de la multiplicité du gibier et du voisinage des bois et forêts, ses réclamations, outre que l'action en indemnité est ouverte à tous, seront, nous n'en doutons pas, entendues des législateurs (1).

(1) Pour comprendre quelle idée on se faisait du droit de chasse encore au xviiie siècle, il faut lire un mémoire rédigé en 1744 par un lieutenant de robe

§ X. — PÊCHE, NAVIGATION, DÉSHÉRENCE, PLANTATIONS, COLOMBIER, GIROUETTES.

Une seigneurie, comme nous pouvons en juger, était un petit royaume, et le seigneur y jouissait de beaucoup de droits que nous avons appelés droits régaliens ou domaniaux. Ainsi, bien qu'une ordonnance de 1669 eût déclaré que toutes les rivières navigables et flottables appartenaient au roi, nonobstant tous titres contraires, le seigneur de Lizy, soit en vertu de concessions faites par le roi lui-même, soit à tout autre titre, avait droit de pêche et de navigation sur la rivière d'Ourcq, depuis son embouchure jusqu'à Vieux-Moulin, au-delà jusqu'à Viron, comme seigneur de Vieux-Moulin, et droit de pêche dans la Marne, comme seigneur de Mary. La pêche de l'Ourcq lui rapportait en 1787 90 livres, et celle de la Marne 48 livres.

Encore au même titre que l'Etat aujourd'hui, le seigneur haut justicier héritait de ceux de ses sujets qui mouraient sans enfants ni héritiers. Les biens vagues et sans maître, les trésors cachés, les épaves, lui appartenaient. Il pouvait planter à son profit les chemins autres que les grands chemins appelés chemins royaux (1).

longue de la capitainerie de Montceaux, et adressé à Monseigneur le duc de Noailles, pair et maréchal de France, etc., gouverneur et capitaine des chasses royales de Saint-Germain-en-Laye. Dans cet opuscule intitulé Plaisirs, Varennes et Capitaineries (Plaisirs était le nom des chasses royales ; varennes, dit l'auteur, signifie viviers, réserves), l'auteur énonce comme incontestables ces propositions :

La chasse en France est un droit et un plaisir qui réside dans la personne du souverain à titre de propriété, et dans la personne des seigneurs, gentilshommes et nobles, à titre de concession.

La défense de la chasse est fondée sur le véritable intérêt de l'Etat : le prince procure l'abondance et la sûreté du royaume en la défendant et en empêchant les laboureurs de déserter leurs charrues, les artisans leurs métiers, les marchands leur commerce.

Un droit de cette importance veut un tribunal spécial et indépendant, les capitaineries, et le tribunal d'appel le plus élevé, le conseil du roi (déclaration de 1656).

Les offices des chasses, à la différence des offices domaniaux ou de judicature dans lesquels la vénalité s'est glissée, ne sont ni vénaux ni héréditaires, parce qu'ils sont créés pour la conservation des plaisirs de sa majesté, et qu'elle doit se réserver le pouvoir de changer les officiers selon qu'ils se comporteront dans leurs charges. « Quels offices dans l'Etat sont plus dignes d'être conservés dans leur pureté, dans leur ancienne candeur, que ceux qui concernent immédiatement les plaisirs de sa majesté? » Aussi les officiers de capitainerie de maisons royales sont commensaux du roi et jouissent de tous les privilèges et exemptions de la commensalité la plus réelle et la plus effective.

(1) En 1785, la demi-lune de la Croix-Rouge, à Lizy, était plantée de 88 ormes appartenant au seigneur.

Toujours, en qualité de haut justicier, il avait droit exclusif de colombier. Nous avons vu à Lizy le grand colombier seigneurial à pied, dans le jardin qui lui a emprunté son nom : nouvelle charge pour l'agriculteur qui en nourrissait la population.

Quant au droit de girouette, d'où pouvait-il provenir, sinon de la vanité, qui variait la forme des girouettes suivant la qualité du seigneur? En 1787, l'agent du duc d'Orléans à Lizy se permit d'en placer une sur la maison de son maître, tenue en roture ; le procureur fiscal de Mme d'Harville lui enjoignit de la descendre ; l'agent de s'excuser et de s'exécuter. Quand nous plaçons sur nos toits cet innocent emblème de toutes les versatilités, nous ne nous doutons guère que le législateur a dû nous y autoriser (loi du 23 avril 1791) et que le droit de girouette est une des conquêtes de 1789.

§ XI. — DROITS HONORIFIQUES A L'ÉGLISE : OFFRANDES, PAIN BÉNIT, LITRES.

A l'église, en la maison de Dieu où, suivant l'expression de Loyseau, « l'humilité nous est le plus commandée, » le seigneur, dans les processions, marchait immédiatement derrière le curé, avait son banc au premier rang dans le chœur ou dans la chapelle, recevait le premier l'encens et le pain bénit, allait le premier à l'offrande, ornait l'église ou sa chapelle de ses armoiries, prétendait recevoir l'eau bénite « par présentation » et être au prône recommandé nominalement aux prières des fidèles, droits pour la conservation desquels le seigneur de Lizy et de la Trousse fit dresser procès-verbal en l'église de Crépoil, contre le curé de ce lieu, le 21 octobre 1764, ainsi qu'il avait fait déjà contre le curé de Cocherel, le 5 juin 1751.

A son décès, le seigneur avait droit de litres, c'est-à-dire que l'église à l'intérieur et à l'extérieur devait être tendue, durant une année, d'une bande de velours noir, ou peinte d'une ceinture noire portant ses armoiries.

Après sa mort, le corps du seigneur reposait sous les dalles du chœur ; c'était son droit exclusif, s'il avait eu la haute justice. En 1778, le marquis de Cramayel obligeait le curé et le marguillier de Limoges (Seine-et-Marne), à reconnaître que c'était inconsidément et sans droit qu'ils avaient laissé inhumer dans le chœur de l'église le corps de messire de Bouville, seigneur de Mauny (1).

(1) *Archives de Seine-et-Marne.* E., 522.

« L'exercice de ces droits auxquels la vanité des seigneurs atta-
» chait une grande importance, soulevait souvent, dit M. Babeau,
» des difficultés et des procès.

» Plusieurs seigneurs, tels que le comte de Brienne, voulaient
» que le curé présentât l'eau bénite avec le goupillon ; les parle-
» ments, chargés de trancher cette question, décidaient qu'à moins
» d'un usage bien établi, ils la recevraient seulement par aspersion.
» Dans tous les cas, elle devait leur être donnée avec distinction
» et avec toute la décence convenable.

» Plusieurs curés ne se soumettaient qu'à contre-cœur, et l'on
» en cite deux qui firent faire des goupillons énormes, avec les-
» quels l'un noya la perruque neuve de son seigneur, et l'autre
» jeta une si grande quantité d'eau bénite sur une dame, qu'elle
» fut obligée de sortir de l'église pour aller changer d'habits et de
» linge. Ces excès toutefois furent sévèrement punis (1). »

Près de nous, à Villevaudé, en 1764, les marguilliers étaient
condamnés à 10 livres d'amende, payables même par corps, pour
avoir donné le pain bénit aux sœurs de la Charité du lieu avant de
l'avoir fait présenter, par distinction, à Mme de Fretteville, dame
de Villevaudé. Le curé de la paroisse ne devait pas être étranger
à cette querelle : de 1764 à 1767, il plaide contre Mme de Fretteville au sujet des droits honorifiques de celle-ci à l'église, se fait
poursuivre, se laisse saisir et doit payer, pour sa part de frais,
327 livres 3 sous 7 deniers (2). Combien a-t-il dû en coûter à ce
curé qui fit plaider pendant 26 ans son seigneur, et qui, ayant été
condamné par cinq arrêts successifs, ne consentit à l'encenser à la
messe que lorsqu'un sixième arrêt l'y eut contraint (3)?

Les droits de déshérence, d'épaves, de trésors trouvés, celui de
s'approprier les terres vaines et vagues ont été abolis par la loi du
13 avril 1791, qui ordonna en outre de faire retirer du chœur des
églises les bancs seigneuriaux et de faire supprimer les litres et
ceintures funèbres. Les droits honorifiques et les distinctions atta-
chées à la qualité du seigneur avaient été supprimés dans la nuit
du 4 août 1789.

§ XII. — PRIVILÈGES.

Le seigneur, indépendamment des droits seigneuriaux eux-
mêmes, jouissait, s'il appartenait à l'ordre de la noblesse, de pri-

(1) A. Babeau. *Le Village sous l'ancien régime.*
(2) *Archives de Seine-et-Marne,* E., 623-624.
(3) M. Babeau. *Loco citato.*

vilèges qu'il est à propos de rappeler. Il était exempt de la taille et de la corvée personnelle (1). Il avait droit, ainsi que nous l'avons dit, de décliner la juridiction des justices subalternes ; s'il était pair, il plaidait devant la Cour des pairs (2) ; évêque ou abbé, devant le grand conseil ; officier de la maison du roi, devant les maîtres des requêtes de l'hôtel ; membre du clergé devant l'official ; et s'il n'était d'aucune de ces catégories, il avait ou obtenait des lettres de *committimus* et pouvait saisir les maîtres des requêtes du palais. S'il était coupable de délit ou de crime de droit commun, le droit de grâce s'exerçait largement en sa faveur ; s'il servait dans l'armée, une ordonnance de 1781 lui réservait, à l'exclusion des roturiers, le grade de sous-lieutenant et tous les grades plus élevés ; l'école militaire ne s'ouvrait que pour ses fils, et bientôt (1786) il en fut ainsi pour les collèges de la marine.

La Constitution de 1791 a fait justice de tous ces abus, en posant ces grands et féconds principes :

Tous les citoyens sont admissibles aux places et emplois sans autre distinction que celle des vertus et des talents ;

Toutes les contributions seront réparties entre tous les citoyens également, eu égard à leurs facultés ;

Les mêmes délits seront punis des mêmes peines sans aucune distinction des personnes.

§ XIII. — FIEFS RELEVANT DE LIZY, SEIGNEURIE DE SAINT-JEAN-LES-DEUX-JUMEAUX, RETRAIT FÉODAL.

La terre et seigneurie de Lizy ne comptait en 1724 que deux fiefs, mouvant et relevant d'elle et formant arrière-fiefs (3).

L'un sis à Candilly, près de Cocherel, appartenait au duc de Tresmes ; et l'autre sis à Lizy, appelé le fief de la Cloche, consistant en une maison et jardin situés près de l'église, d'un revenu de 12 à 15 livres, était occupé en 1724 par les héritiers de René Marchand (4).

Ces deux fiefs devaient à leur suzerain immédiat les devoirs et profits dont nous allons parler.

Il avait existé un fief appelé de Tigeaux, comprenant quelques

____

(1) Les roturiers, ainsi que les définit rigoureusement de Ferrières, sont ceux qui doivent supporter les charges de l'Etat.

(2) C'était le nom que, dans ce cas, prenait le parlement.

(3) Terrier féodal et censuel de la châtellenie, terre et seigneurie d'Oissery.

(4) Ce fief est représenté aujourd'hui par le petit quartier de Lizy appelé la Cour-des-Cloches.

terres près le bois dit de Tillet, et un fief de Vaugenoux consistant
en trois arpents et demi de terre situés en la seigneurie de Vieux-
Moulin; mais ces deux fiefs étaient réunis au domaine. Toutefois
le seigneur de Lizy, en qualité de propriétaire du fief de Vaugenoux, percevait 14 deniers de cens sur 4 pièces de terre près Vieux-
Moulin.

Trois autres fiefs, l'un à Candilly, tenu par Gilles d'Ocquerre,
un autre à Montgé, tenu par Pierre de Cocherel, et le troisième
tenu par les héritiers Gilles d'Ocquerre, avaient relevé du château
de Lizy, mais ils n'existaient plus en 1724.

Enfin le seigneur de Lizy possédait aussi en partie la terre de
Saint-Jean-les-deux-Jumeaux où il percevait des droits seigneuriaux sur les fiefs de Loche et de Montcoupet ; il louait cette seigneurie le 9 octobre 1528, 3 livres par an, et en 1724 il en tirait
50 livres annuellement.

Comme le seigneur censier pour les rotures, le seigneur féodal,
pour les fiefs, avait le droit de retraire, dans un délai déterminé, des
mains des acquéreurs, tout fief mouvant de lui vendu par le vassal.

§ XIV. — DEVOIRS FÉODAUX DU SEIGNEUR DE LIZY.

Quels que fussent ses droits, le seigneur féodal avait ses devoirs,
et dans un état social fondé sur une dépendance générale, ces devoirs avaient été d'abord assez rigoureux. Le seigneur de Lizy
était un des anneaux de cette chaîne qui, descendant du roi jusqu'au dernier sujet du dernier vassal, enserrait tous les habitants
du royaume. Comme les autres, il était vassal ou plutôt arrière-
vassal : il relevait sa terre et seigneurie de l'évêque de Meaux et du
châtelain d'Oissery, tous les deux vassaux immédiats du roi.
Aussi le voyons-nous le 19 août 1724 dans le château d'Oissery :
« genou en terre, tête nue, sans épée ni éperons, porter au seigneur
« d'Oissery, la foi, hommage et serment accoutumés qu'il était tenu
« de lui rendre à cause de la moitié au total et par indivis de la
« terre de Lizy la Gonnèse, mouvant en plein fief du chatel d'Ois-
« sery ».

Pour cette fois et sans tirer en conséquence, le suzerain avait
autorisé le vassal à se faire représenter par un mandataire. Messire Noël Danican, seigneur de Landivisiau, chatelain d'Oissery,
Saint-Pathus, Forfry, La Ramée et autres lieux, conseiller du roi
en tous ses conseils, maître des requêtes ordinaire de son hôtel,
ne pouvait refuser cette courtoisie à très haute et très puissante

dame Henriette-Marie Lehardy de la Trousse, princesse de la Cis-
terne, dame de Lizy ; mais c'était une dérogation à la règle primitive qui exigeait que l'acte de soumission fût accompli par le
vassal lui-même. Le roi seul était dispensé de cette obligation personnelle ; c'eût été en effet un spectacle étrange que de voir le roi de
France à genoux devant Grosjean, maître d'une tour en ruine ou
d'une crapaudière érigée en fief. Aussi une ordonnance de Philippe-
le-Bel en 1302 avait supprimé l'hommage à rendre par le roi,
comme ne pouvant se concilier avec l'autorité souveraine et l'avait
remplacé par une indemnité.

Mais hormis le roi et les seigneurs ecclésiastiques, à qui la pro-
fession des armes était interdite, tout seigneur devait faire acte de
sujétion. On voit avec quelle solennité cet acte s'accomplit à la
cour, quand, en 1669, le duc de Lorraine fit foi et hommage pour
son duché de Bar. Nous ne pouvons résister au désir de citer le
passage entier des Mémoires de Saint-Simon, qui fait ressortir en
même temps quel était le caractère de cette cérémonie : « Le roi
était dans son fauteuil, le chapeau sur la tête, M. le maréchal de
Lorge derrière lui, en l'absence de M. de Bouillon, grand cham-
bellan, qui était à Evreux ; Monseigneur le duc de Bourgogne,
debout et découvert, un peu en avant de M. le chancelier, mais
sans le couvrir ; M. le duc d'Anjou, de même de l'autre côté, sans
couvrir M. le duc de Gesvres, premier gentilhomme de la
chambre du roi ; M. le duc de Berry, Monsieur, M. le duc de
Chartres, les princes du sang et les deux bâtards (le duc du Maine
et le comte de Toulouse) étaient tous en rang, formant le
demi-cercle, avec force courtisans derrière eux et après eux.
Aucun duc que les deux que je viens de nommer, parce qu'ils
étaient en fonctions de leurs charges et nécessaires, ni aucun
prince étranger. Les secrétaires d'Etat étaient derrière Monsieur
le chancelier, et les princes du même côté. Monseigneur ne
se soucia pas de voir la cérémonie. M. de Lorraine trouva
fermée la porte de la chambre du roi qui entre dans le salon,
et l'huissier en dedans. Un de la suite de M. de Lorraine gratta ;
l'huissier demanda : « Qu'est-ce ? » Le gratteur répondit : « C'est
M. le duc de Lorraine. » Et la porte demeura fermée. Quelques
instants après, même cérémonie. La troisième fois, le gratteur
répondit : « C'est M. de Bar. » Alors, l'huissier ouvrit un seul
battant de la porte. M. de Lorraine entra, et de la porte, puis du
milieu de la chambre, enfin assez près du roi, il fit de très-pro-

fondes révérences. Le roi ne branla point et demeura couvert sans faire aucune sorte de mouvement. Le duc de Gesvres, alors suivi de Nyert, mais ayant son chapeau sous le bras, s'avança deux ou trois pas, prit le chapeau, les gants et l'épée que M. de Lorraine lui remit, et le duc de Gesvres tout de suite à Nyert, qui demeura en place, mais fort en arrière de M. de Lorraine, et le duc de Gesvres se mit en la place où il était auparavant. M. de Lorraine se mit à genoux sur un carreau de velours rouge bordé d'un galon d'or qui était aux pieds du roi, qui lui prit les mains jointes entre les deux siennes.

» Alors, M. le chancelier Pontchartrain lut fort haut et fort distinctement la formule de l'hommage-lige et du serment auquel M. de Lorraine acquiesça, et dit et répéta ce qui était de forme, puis se leva, signa le serment avec la plume que Torcy, secrétaire d'Etat chargé des affaires étrangères, lui présenta, un peu à côté du roi où Nyert lui présenta son épée qu'il remit, puis lui rendit son chapeau, dans lequel étaient ses gants, et se retira. » A ces détails, Saint-Simon ajoute : « Le premier gentilhomme de la chambre du roi en année devait prendre l'épée, le chapeau et les gants de M. de Lorraine allant rendre son hommage. Les prendre en ce cas-là, c'est dépouiller le vassal des marques de dignité en présence de son seigneur et non pas le servir, et ce qui le montre, c'est que le premier gentilhomme de la chambre ne les garde ni ne les rend. Toute sa fonction n'est que de dépouiller le vassal, et c'est le premier valet de chambre qui les reçoit du premier gentilhomme de la chambre, dans l'instant où il les a ôtés au vassal, et c'est ce même valet de chambre qui les rend au vassal après son hommage. »

Nous ne sommes plus au temps où le vassal baisait les pieds du roi, comme ce baron normand qui leva si haut le pied de Charles-le-Simple qu'il jeta le monarque à la renverse, ni au temps où le vassal mettait les mains sous les pieds de son seigneur. On n'échangeait plus le baiser d'usage sur la bouche ; le procès-verbal de 1724 n'en fait pas mention, non plus que des serments sur l'Evangile, prescrits par l'article 63 de la coutume de Paris.

On aurait peine à croire que la fantaisie et le ridicule aient pu se glisser dans les formalités de cet acte solennel. Les vassaux du baron de Moncontour devaient, lors de la foi et hommage, lui présenter une alouette liée sur un char à bœufs ; mais, conformément à la raison, le Parlement de Paris annula cette obligation et la

4

remplaça par une indemnité en argent. Quoi qu'il en soit, on ne négligeait pas impunément ce devoir sur lequel reposait la hiérarchie féodale : il y allait de la saisie du fief et de la perte des revenus durant la saisie. Le 25 juin 1779, faute par la comtesse d'Harville, marquise de La Trousse, d'avoir fait au roi la foi et hommage qu'elle lui devait en cette qualité, un huissier se transportait avec deux praticiens au château de la Trousse, et « mettait en la main du roi le susdit fief et tous et chacun des fruits, droits, profits et revenus. »

La foi et hommage se renouvelait à toute mutation de seigneur ou vassal. Si le vassal ne trouvait pas son suzerain à son château, il frappait trois fois à la porte en présence d'un notaire et de deux témoins, appelait trois fois, et si personne ne répondait, se mettait en état de vassal, portait foi et hommage et en faisait dresser procès-verbal.

Comme conséquence de la foi et hommage, le vassal devait, dans les quarante jours et par acte notarié, fournir l'aveu et dénombrement de son fief servant et des arrière-fiefs relevant de lui, c'est-à-dire un état détaillé de sa tenure, des droits et charges qui y étaient attachés, des parties concédées à titre d'arrière-fiefs et des conditions de ces concessions (Art. 81 de la coutume de Paris). Il ne le devait néanmoins qu'une seule fois, le suzerain vînt-il à changer de son vivant.

Si le vassal était mineur, les représentants devaient, par un acte solennel, demander au suzerain « souffrance » jusqu'à ce que le mineur fût à l'âge requis par la coutume pour porter foi et hommage et serment de fidélité ; c'est ce que firent les tuteurs et tutrices de Mme d'Harville envers l'évêque de Meaux et la comtesse de Pontchartrain, châtelaine d'Oissery, par acte du 11 avril 1753. (Aléaume, notaire à Paris.)

Les obligations que consacrait l'acte de foi et hommage n'étaient plus au xviiie siècle ce qu'elles avaient été à l'origine. Primitivement, elles impliquaient des services rigoureusement personnels de la part du vassal, surtout des services militaires ; il devait assister son suzerain en guerre, aussi bien que dans l'administration de la justice et de la police du fief, et lui fournir dans des cas déterminés des secours en argent appelés aides. Mais quand les roturiers purent tenir des fiefs, quand les armées devinrent permanentes, les services féodaux dégénérèrent en prestations pécuniaires appelées du nom vulgaire de profits. Toute mutation de vassal y donnait ouverture, sauf la succession ou la donation en ligne directe. En cas de succession collatérale, il était dû au seigneur le droit de relief ou rachat (article 33 de la coutume de Paris), c'est-à-dire une année des revenus du fief. En cas de vente ou de tout autre contrat analogue, le profit prenait le nom de quint et requint, ce qui indique qu'il était du cinquième du prix, auquel on ajoutait le cinquième de ce cinquième (1). Lorsque la terre de Lizy fut vendue à la maison de La Trousse, le quint et requint se trouva dû aux deux suzerains de cette terre. La marquise de La Trousse ne s'exécuta pas sans difficulté et laissa faire contre elle par Bossuet, évêque de Meaux, une saisie féodale; mais elle dut subir envers ses suzerains la loi qu'elle imposait à ses vassaux : le 4 mai 1696, elle payait au marquis d'Alègre, châtelain d'Oissery, 3.000 livres pour tous droits de sa moitié; elle ne dut pas en être quitte à moins pour l'autre moitié revenant à Bossuet, qui toutefois l'avait transportée dès le 19 mai 1691 à Léger, notaire à Meaux.

Ces profits ouverts à chaque mutation n'auraient pu se produire à l'encontre des établissements de main-morte (églises, abbayes, chapitres, etc.), qui n'en subissent aucune; aussi avait-on prescrit que ces établissements devaient présenter à leur suzerain un homme appelé homme vivant et mourant, personnifiant l'établissement, et à la mort duquel le suzerain exerçait ses droits (2); il en était de même pour les villes et communautés d'habitants, quant aux offices municipaux qui leur appartenaient : elles devaient semblablement fournir au roi un homme vivant et mourant.

Nous pouvons faire remarquer ici comment l'harmonie établie entre les diverses parties d'une institution sociale se rompt avec le temps, et comment, par suite, l'institution elle-même se trouve compromise. Le vassal, avons-nous dit, devait primitivement à son suzerain des services personnels, qui, au temps où l'on vivait constamment sous les armes, étaient fort onéreux. De là les conséquences suivantes : le fief est indivisible, il appartient à l'aîné des fils, qui prend encore sa part dans le surplus de la succession. Quant aux filles, incapables de jouer un rôle militaire, elles sont

---

(1) Voir Malécot et Blin, *Précis de droit féodal et coutumier*.

(2) Voir procès-verbal de la nomination d'un homme vivant et mourant, *Châtellenie d'Oissery*, par M. Fernand Labour, page 41. L'homme vivant et mourant fourni par l'abbaye de Jouarre avant 1789 à son suzerain a survécu assez avant dans ce siècle au régime dont il avait représenté un des rouages.

exclues et il ne leur est laissé que ce que demande le strict devoir d'humanité. Au xviiie siècle et depuis longtemps, les devoirs du vassal se sont transformés et allégés : il doit encore répondre à l'appel fait par le roi, du ban et arrière-ban, mais cet appel n'a eu lieu que deux fois dans le xviie siècle et pas une seule fois dans le xviiie. Cependant l'aîné des fils jouit toujours de ses droits exclusifs et privilégiés, et la criante inégalité du partage entre les frères, et entre ceux-ci et les sœurs s'est maintenue et perpétuée.

En dehors de ses devoirs féodaux le seigneur avait un devoir social : il devait nourrir et entretenir les enfants abandonnés trouvés sur ses terres. Les biens sans maître lui appartenant, il était logique qu'il fût chargé de ces épaves humaines. Il a été exonéré de cette obligation par la loi du 29 novembre 1790, qui a mis à la charge de l'Etat l'entretien de ces enfants.

Quant aux devoirs personnels et aux profits de fiefs, ils ont été abolis par la loi du 4 août 1789, et il n'en peut plus subsister aucune trace dans notre société nouvelle.

§ XV. — CONCLUSION.

Guizot en parlant de la féodalité a écrit : « Aucun système n'est resté aussi odieux à l'instinct public (1) ». « La haine des droits féodaux, dit de Tocqueville, est si forte qu'elle survit à son objet même et paraît ainsi inextinguible » (2). Les causes de ce phénomène sont complexes. Une des principales, croyons-nous, c'est que le régime féodal violait outrageusement deux sentiments qui sont le fond, la passion du caractère français, le sentiment d'indépendance et le sentiment d'égalité. Sous ce régime, la dépendance était partout, l'égalité nulle part ; pas une terre, pas un morceau de sol qui ne relevât d'une autre terre, d'un autre coin du territoire ; pas une personne qui ne relevât d'une autre personne, et cela par un ordre de sujétion immuable, inéluctable, se transmettant de génération en génération, de siècle en siècle. Par suite l'exercice des droits et facultés naturels se trouvait constamment entravé : les banalités, les corvées, le banvin, le cens, la chasse, sans pousser plus loin cette énumération, étaient autant d'atteintes au libre développement du commerce et de l'industrie, à la propriété, à la dignité, à la liberté.

(1) Histoire de France racontée à mes petits enfants, tome 1er, page 212.
(2) L'Ancien Régime et la Révolution, page 46.

D'autre part, inégalité devant les charges publiques : le tiers-état paie presque la totalité des impôts ; la noblesse en supporte à peine une partie ; le clergé n'a jamais reconnu au roi le droit de l'y soumettre et s'il consent à en supporter une part, c'est à titre de don volontaire.

Inégalité devant les tribunaux, nous l'avons vu plus haut.

Inégalité devant la justice : les peines ne sont pas les mêmes pour les nobles et les roturiers.

Inégalité devant la loi du patriotisme, qui veut que chacun puisse servir son pays suivant ses moyens. Depuis longtemps le roturier verse, comme le noble, son sang pour sa patrie, à laquelle il n'est pas moins dévoué que le noble. Quel avancement peut-il espérer? Il y a 30.000 emplois, 100.000 nobles demandent du service, et depuis 1781, il lui est défendu d'aspirer même à une sous-lieutenance. Sous l'empire de cette ordonnance, le maréchal Fabert serait resté sergent, et nous ne compterions pas dans les fastes de la France les glorieux succès dus à ce roturier.

Inégalité dans la famille : depuis plusieurs siècles le vassal, comme nous l'avons dit, n'est plus obligé de fournir des hommes au roi ; une milice régulière a été établie ; cependant l'aîné des fils continue de prélever seul le château et ses dépendances; s'il n'a qu'un frère il prend les deux tiers du surplus ; s'il en a plusieurs, la moitié ; les cadets réduits à la portion congrue assiègent la cour, envahissent les emplois, les grades, les bénéfices, les abbayes ; quant aux filles, le couvent est le plus souvent leur partage (1).

Inégalité devant la loi naturelle : le servage subsiste encore dans la Bourgogne, le Nivernais, le Berry, mais surtout dans le Jura et toute la Franche-Comté. On compte, en 1789, 1.500.000 serfs ou main-mortables. L'abbé de Saint-Claude, qui avait le pouvoir d'anoblir et de faire grâce, en possède dix mille. Qu'était-ce que la main-morte? Louis XVI nous l'apprend dans le préambule de l'édit du 8 août 1779 inspiré par Necker : « Le roi n'a pu voir sans « peine les restes de servitudes qui subsistent dans plusieurs de ses « provinces ; il a été affecté en considérant qu'un grand nombre de

(1) Un ordre quelque puissant qu'il soit ne peut durer longtemps dans de telles conditions: l'ancienne noblesse de race était en décadence. Si nous faisions la revue de notre pauvre noblesse, écrivait en 1756 l'abbé Croyer, qu'y verrions-nous ? Un aîné, s'il le peut, prend le parti des armes. Se mariera-t-il un jour ? Il l'ignore. Les cadets épousent une croix de Malte, un rabat ou un froc. Souvent même sans embrasser aucun état, ils restent dans un célibat aussi dangereux qu'inutile, et les filles vont immoler leur fécondité dans un cloître (Paul Lacroix, xviiie siècle).

« ses sujets, servilement encore attachés à la glèbe, sont considérés
« comme en faisant partie et confondus pour ainsi dire avec elle ;
« que privés de la liberté de leurs personnes et des prérogatives de
« la propriété, ils sont mis au nombre des possessions féodales. »
Et le roi abolit la main-morte dans ses domaines et le droit de suite
par toute la France (1). Mais tout tardif et bienfaisant qu'il était,
cet édit fut sous l'influence de la noblesse et du clergé tenu en
échec par les Parlements. Le Parlement de Paris ne l'enregistra
que sous la réserve des droits des seigneurs ; le Parlement de Be-
sançon en recula l'enregistrement jusqu'au 12 octobre 1788, à la
veille même de la réunion des États-Généraux, et nous avons la
douleur de dire que la main-morte dura en France jusqu'à la nuit
du 4 août 1789, la main-morte en vertu de laquelle le main-mor-
table taillable à merci « de haut et de bas », ne pouvait quitter le
domaine où il était né sans le congé de son seigneur, prendre
femme hors de ce domaine ou d'autre condition que lui sans le bon
plaisir de son seigneur, disposer du produit de son travail entre-
vifs ni par testament, sauf pour une modique valeur mobilière; ses
enfants et sa femme n'héritaient de lui qu'autant que les premiers
vivaient avec lui sous le même toit, « à son pot », et la seconde,
libre avant son mariage, qu'autant qu'elle renonçait à recouvrer sa
liberté et restait serve : l'édit de 1779 disait vrai, le mainmortable
était possession féodale (2).

Nos pères à Lizy, tout en ressentant contre les abus et les ini-
quités du régime féodal la haine qu'ils méritaient, se sont montrés
sages et modérés. Nous avons un témoignage de leurs sentiments
dans les cahiers des plaintes, doléances et remontrances qu'ils ont
rédigés, le 7 mars 1789, en vue des Etats-Généraux. Les gens du
tiers-état du bailliage de Lizy demandaient :

Que la noblesse et le clergé payassent leur part des impositions
de toute nature suivant leurs facultés et possessions;

La suppression des droits de franchise ou franc-fief, des retraits
féodaux et censuels, des banalités, des péages, des justices des

(1) Le droit de suite était le droit de revendiquer les serfs qui s'étaient enfuis du
domaine de leur seigneur et le droit de revendiquer à la mort d'un serf tout ce
qu'il possédait, même en dehors de la seigneurie, en quelque lieu que ce fût.

(2) Pour notre contrée le dernier exemple de main-morte que nous ayons ren-
contré remonte à 1417 : le 7 février de cette année, le prieur de Grandchamp faisait
reconnaître judiciairement comme son homme de corps le fils de Marion, femme
Drouet, qui revendiquait son fils comme homme libre. Ces exemples sont plus fré-
quents dans les siècles précédents.

gens de main-morte, comme ne devant pas se mêler des affaires du siècle, et la réunion des justices des terres non-titrées à la justice de la plus prochaine terre titrée.

Il n'est question ni de la corvée ni du banvin ; ce qui indique que ces droits étaient tombés en désuétude.

Les vœux du bailliage de Lizy étaient modestes. L'Assemblée constituante les adopta et les dépassa en abolissant le régime féodal ; elle donna ainsi à Lizy l'avantage très-appréciable d'être délivré de la banalité, des péages et autres droits seigneuriaux, et au pays tout entier le bienfait inestimable de l'affranchissement du sol et de tous ses habitants.

TABLE DES MATIÈRES

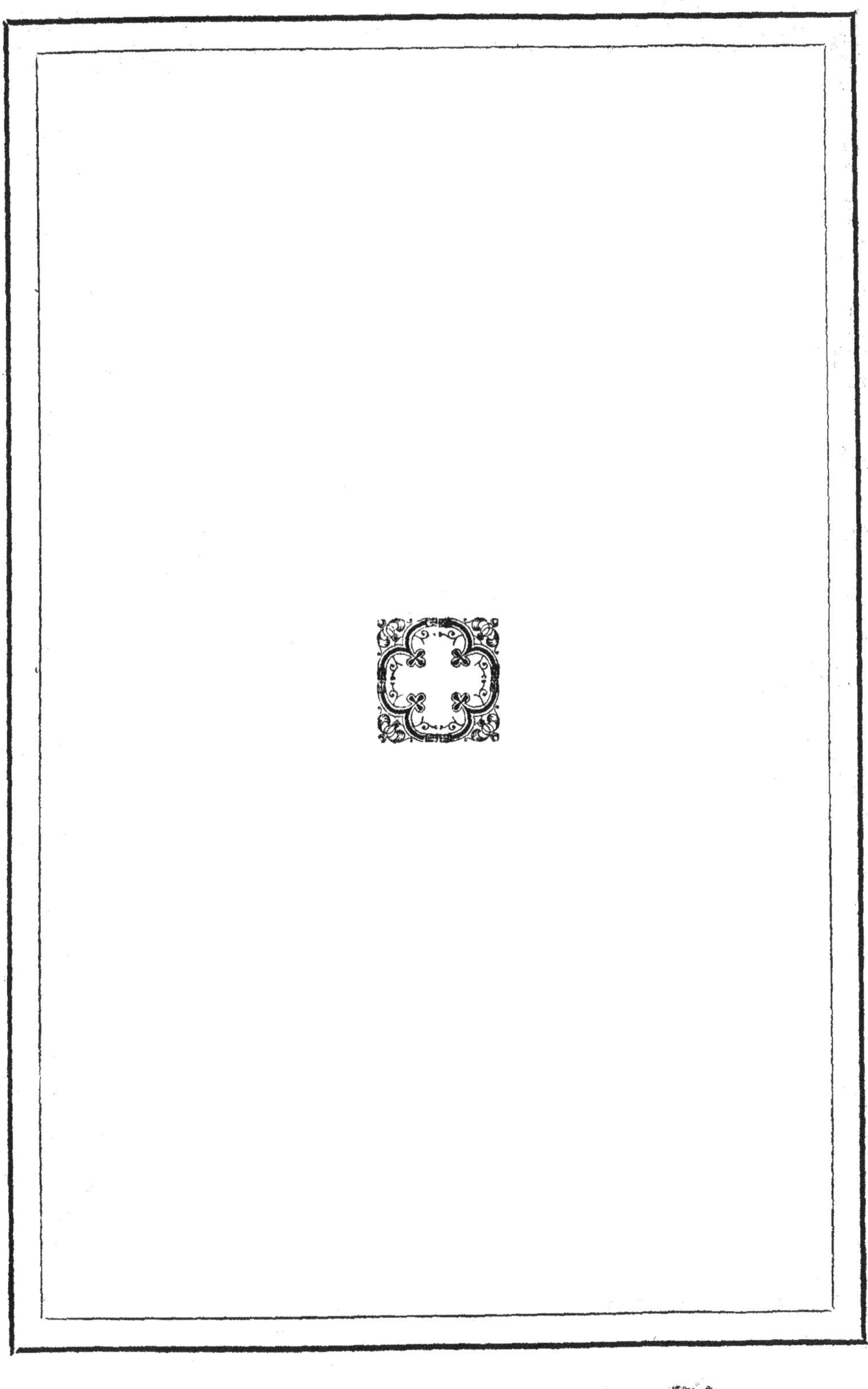